U0111370

大展好書　好書大展
品嘗好書　冠群可期

武術特輯
25

楊式
太極拳架詳解

林炳堯／著

大展 出版社有限公司

出版者說明

　　太極拳是中華文化瑰寶之一。我國人民在長期的實踐中充分認識到它在養身、治病、延年益壽和技擊上的重要作用，毋需贅述。

　　楊式太極拳是太極拳的一個重要流派。楊式太極拳經楊祿禪、楊健侯、楊澄甫祖孫三代的發展定型，又經過楊澄甫先生嫡傳弟子們的努力推廣（其中以「儒林武傑」著稱的陳微明先生建樹甚豐），現楊式太極拳在國內外影響很廣。

　　陳微明先生自1917年起跟隨楊澄甫先生學拳，將楊澄甫先生口授的太極拳及大小捋等各式整理成文，並將太極拳之拳理、拳法與儒、釋、道的精華相貫通，編寫了《太極拳術》、《太極答問》、《太極劍》、《八卦掌擒拿圖》諸書，至今已成為太極拳的經典著作。

　　陳微明先生並於1925年南下上海創辦「致柔拳社」，以流傳國技、注意養生為目的，推廣正宗楊式太極拳，影響遍及海內外。

　　本書作者林炳堯先生拜陳微明先生為師，跟隨陳微明先生學拳近十年。在微明先生長期嚴格有序

的訓導下，逐漸領會了楊式太極拳的精義與奧妙。近十餘年來，作者矢志繼承微明先生創辦的致柔拳社事業，為弘揚太極拳貢獻力量。

目前太極拳運動已在合國人民中廣泛普及並正在向全世界流傳，這是非常可喜的。但另一方面，我們也應該看到在太極拳愛好者中間，不少人的練拳動作粗糙散亂，不合規範。有的更是謬誤百出，背離內家拳的要求甚遠。他們苦於缺乏良師指導，往往誤入「旁門」而不自覺。

為了繼承發揚正宗楊式太極拳術，為了幫助太極拳愛好者解決入門難題，林先生深感有責任寫一份既能嚴守傳統規範、又是通俗具體的基礎教材，以幫助讀者習練。

經過長期準備，數易其稿，他嚴格遵照師傳架式和傳統拳理，結合其近六十年來練拳、教拳的經驗和心得寫成此書，並附有二百餘幅拳姿照片，均是嚴格遵照其師傳架式演練拍攝的，並配合文字解說，可供讀者直觀揣摩。

衷心希望眾讀者能從這本既有詳細說明又有圖示的通俗讀物中得益，並通過認真習練，堅持不懈，真正達到養生、治病、延年益壽的目的。

本書主要是為了具體幫助太極拳愛好者練好傳統拳架和推手。讀者有意進一步探討拳術的應用途徑和原理實旨等，可研讀陳微明先生所著之經典著作。微明先生還留有全套拳照傳世，一招一式，嚴

正不苟。俱是讀者學習揣摩正宗楊式太極拳之重要依據。

　　作者表示：撰寫本書目的是弘揚中國文化瑰寶，造福人類，雖經字斟句酌，反覆修改，難免有不到之處，希同道指正。

　　我們在編輯此書稿時，將原作者省略的動作完全相同的式子加以重述，目的是為使讀者免去前後翻閱的不便。

——編者——

目　錄

序 一

我與林炳堯老師

我叫朱光熾，與林炳堯老師同庚同屬豬，又是同鄉寧波人。兩人先後由陳微明先生於1925年上海創辦的致柔拳社同練楊式太極拳，至今已近六十個春秋。為了繼承陳師遺願，發揚中華國粹，所以兩人分別傳授楊式太極拳已四十餘載。遵師囑練拳必須先練拳德三戒，即不可嘩眾取寵而欺騙別人；不可三心二意而隨心所欲；不可時斷時續要堅持勤練。兩人雖然同屬陳師門下，由於體會與鍾愛不同，因此鍛鍊方法也就有分異。林炳堯老師保留傳統練法，以體用技擊強身為本，所以形成輕、靈、快的拳路；而我以運氣防病為本，所以形成重、斂、慢的拳路。總觀楊式太極拳的特徵，以鬆、靜、慢為基礎，以腰部靈活為主宰，以虛實分清輕重為重點，以陰陽結合為條件，以緩勻不斷為要求，以由裡及外內動為宗旨，以內氣養身之功才是目的。因此萬變不離其宗，練好腿功、腰功和氣功稱之謂三功合一的內家拳術，為廣大拳術愛好者所喜愛。值此書即將付印之際寫序以饗讀者。

同門朱光熾寫於滬

序 二

本書所介紹的拳架是傳統的楊式太極拳。林炳堯老師所傳授的拳架和推手完全是當年楊澄甫先生和陳微明先生一脈相傳的楊式拳法。

筆者追隨林老師學拳多年，深知其欲將畢生心得貢獻於世的心願。他採用「詳解」的原意，是要使廣大的太極拳愛好者通過此書掌握純正精華的拳理拳法，準確規範的架式和推手技術，幫助一些同好擺脫姿勢不正、僵硬散亂等違背內家拳準則的毛病。

這裡所謂的「詳解」，也可以說是「返真」，無非是真正把傳統的太極拳學到手、學到家的意思。

太極拳這項運動，自傳世以來經過一代又一代拳家的努力，漸漸由北方流傳到南方各地。特別是由於政府的大力倡導，更進一步在全社會得到極大的普及。

但是在另一方面，我們也不難看到，不少人儘管練拳多年，但對於太極拳基本功法了解得很少，拳姿也不規範，不符合要求。主要的原因是缺乏良

好的師傅和嚴格的訓練。他們中間，許多人是自己摸索無師自學的；有的只參加過短期訓練班，以後又沒有機會深造；有的人只是在公園或是街頭巷尾順便跟人模仿，而給他示範的人自己並沒有經過專門訓練。教的人只會其表，不知其本，學的人亦是依著葫蘆畫瓢，沒有機會得到指正或諮詢，結果自然便以誤傳誤，誤涉「旁門」而不自知了。這些同好雖然有著很高的熱情，堅信太極拳能袪病強身，卻不知道，袪病強身的效果好壞是與練拳的質量有著極為緊密的關係的。

《詳解》便是針對以上所說的情況而苦心設計的。尤其書中附有數量眾多的圖片，以便利讀者對照研究，文字說明力求清楚詳盡，並對常見的錯誤著重加以提醒。

但文字說明越是細緻，閱讀起來也越費神，所以，使用這本書的讀者也必須有點耐心和苦心才能有所得益的。

要學好真正的太極功夫，還有一點必須加以注意，即不少人總以為練拳無非是動動胳膊、動動腿，沒什麼值得「窮研究」的。這種觀念是需要改變的。打拳，當然要動腿動胳膊，但怎麼動法，首先還需要動腦筋。

太極拳是一門從理論到實踐都有著極豐富內涵的功夫。太極拳的功理和指導練拳的一些準則都是淵源於中國的哲學和中醫學，如中正安舒；極柔軟

而後極堅剛；如陰陽虛實與五行；經絡與氣血理論等。作為一種武術，要學得好，得花時間下功夫。從前有種說法叫：「太極十年不出門。」就是說，學太極拳的人拜師十年還出不了山。

這裡說的是古人，是學武功。現代人學拳主要是為了鍛鍊身心，學習的時間當然可以短些。在本世紀20年代陳微明先生來上海創辦致柔拳社，已經明確以養生健身為辦學宗旨了。當時制訂的全部課程也仍需要三年時間才能學完，而且在師傳和訓練都非常正規的情況下學完的。

現在的太極拳愛好者，正如我們上面所說的，多數人都不具備這種條件。如果對這項運動的基本原理都茫無所知，那是絕對不可能達到「歸元」或「返真」的目的。所以學拳的人除了「動手動腳」堅持鍛鍊以外，還必須學點拳理拳法，對太極拳的特點和奧妙之所在多加留心、多加琢磨，這實在是有志於學好拳藝的人所必不可少的。

什麼是太極拳的主要特點或奧妙呢？陳微明先生認為主要的一條是「專氣致柔，以弱勝強」。清代的太極拳家李亦畬先生則把太極拳的精妙之處概括為「能引進落空，能四兩撥千斤」。兩種說法的實際內涵是完全一致的。

這種太極功夫當然是經過艱苦長期的鍛鍊才能達到的。而基本的訓練方法就是盤架子和推手。那麼，怎樣才能打好太極拳呢？請先看一看李亦畬先

生的推論：「欲要引進落空，四兩撥千斤，先要捨己知彼；欲要捨己知彼，先要捨己從人；欲要捨己從人，先要得機得勢；欲要得機得勢，先要周身一家；欲要周身一家，先要周身無有缺陷；欲要周身無有缺陷，先要神氣鼓蕩；欲要神氣鼓蕩，先要提起精神，神不外散；欲要神不外散，先要神氣收斂入骨；欲要神氣收斂入骨，先要兩股前節有力，兩肩鬆開，氣向下沉。勁起於腳跟，變換在腿，主宰在腰，含蓄在胸，運動在兩肩。勁由內換，收便是合，放即是開……觸之則旋轉自如，無不得力……。」

　　這段論述，讀起來似乎嘮叨，但如果細心體會，你就會恍然大悟：原來我們打拳時所必須遵循的種種規範，都是為了把身體鍛鍊得非常柔軟、非常輕靈、非常敏感。這樣，能夠在上陣和人推手或打手時發揮出以柔克剛、以弱勝強的功夫來，就能夠做到「引進落空，四兩撥千斤」。

　　我們練拳時講究虛靈頂勁，虛實分清，用意不用力……等等。講究來、講究去，無非是為了上面所說「專氣致柔，以弱勝強」的目的。明白了這一層道理，做動作時，就能夠不僅知其然，而且知其所以然，就多了一份「悟性」，就能夠較快地達到「歸元」或「返真」的境界。

　　盤架子本來是武術的基本功，術語又叫「知己功夫」。把這種功夫應用到推手技擊上去，那就叫

做「知人功夫」了。只有知己知彼，才能百戰百勝。盤架子同時也是一種健身運動。按照同樣的要求和方法鍛鍊，就能達到疏通經絡，氣血流暢，內氣充足，延年益壽的功效。

學點拳理拳法，能夠提高學拳的興趣，至於具體的練法和招式，當然還是需要老師指點的，在缺乏教師指點的情況下，找書本當輔導老師或許也不失為退而求其次的辦法。本書的讀者不妨利用所附二百多幅圖片對照演習之。

林炳堯老師的拳姿中正安舒，神凝氣靜，輕靈自然，氣勢騰挪。學練者反覆細心研究體會，必有大益可受。文字說明，對身法、腳法、手法、指法直到眼神都作了細緻的描繪。這些具體的「小技術」看上去似乎瑣碎，但卻都是要做到拳姿準確，符合規範的有效方式。例如，太極拳中有許多前進後退、轉身以及單腿獨立等動作，要做好這些動作，腳步的位置，腳跟、腳掌的運用，腰腿和手腳的協調配合都有很多講究。

如做「雙峰貫耳」時，身體由面向東北轉向東南，左腳以腳跟為支點，同時以右膝帶動腰胯及身體的。緊接著「左蹬腳」以後，身體由面南轉向面北時，獨立的右腳是以腳掌（腳後踮起）為支點，以左腿帶動身體的。一個用腳跟，一個用腳掌，不可隨便互換，否則就要不穩。

《太極拳論》云：「有不得機得勢處，身便散

亂，其病必於腰腿求之。」腰腿的毛病又要靠上述
這樣的「小技術」來克服。再舉一個例子，如做
「左右分腳」的動作時，雙手先做「十字手」然後
分開，與此同時做分腳動作，但分手與分腳之間須
有點「時間差」，即手先到位，雖然相差僅僅一瞬
間，但很重要。因為在技擊上，這裡的分手動作實
際上是掩護，是手段，分腳才是目的，是實質性的
進攻。但如果對方識破我的意圖，我也可以變化，
把沉肘分手也變成實質性的進攻，然後再踢腳。盤
架子時手腳不同時分開，這就體現了技術上隨機應
變之意。陳微明先生說：「雖動腰腿，而內中有知
己知彼，隨機應變之意。若無意，雖動腰腿，亦亂
動而已」。所以，手腳一起到位是錯誤的。

　　本書的說明中許多這樣的提示，對有志學好傳
統楊式太極拳的讀者應該是極有幫助的。這也是本
書的特色之一。

　　讀完了以上所言，再解釋一下，這套拳架為什
麼是九十九式而不是如原來陳微明先生著的《太極
拳術》目錄所載的七十九式呢？這是因為拳架的式
數可因計算方法不同而有所出入的。如「左右摟膝
拗步」原來只算為一式，而本書則把左、右式分開
計算，二左一右便是三式了。其他如「左右倒攆
猴」「左右野馬分鬃」「左右伏虎」等均依此類
推，所以式數便多了一些。

　　除此以外，陳微明著《太極拳術》目錄中的

「金雞獨立」僅算一式，本書則在「左金雞獨立」後增加了反方向（面北的「下勢」），然後再接「右金雞獨立」。本書又採用「太極藏拳」中的，「左右彎弓射虎」式取代了原來過於簡單的「彎弓射虎」式。所以式數又增加了一些。（藏拳本稱長拳，是練習散打的套路，過去楊家只傳入門弟子，不向社會公開。）

　　按照上述計算方法，全套便變為九十九式了。拳式雖然增多了，卻便於記憶習練。同時，所增加的個別拳式原也是楊氏拳中所固有的，絕非杜撰，這也是需要向讀者交代清楚的。

　　　　　　　　　　　　　　上海　　趙自

序　三

　　林炳堯先生著的《楊式太極拳架詳解》已定由人民體育出版社出版，這是一本弘揚傳統太極拳的精闢之作，此書曾冠名以《太極拳歸元》在致柔拳社內部影印，後逐漸流傳社外，愛好者爭相索借傳閱，以作學習悟解太極拳的範本。

　　此書是林師積五十餘年習練太極拳經驗之大成。林師祖籍寧波，自15歲起學武。1942年起追隨陳微明先生習練太極拳，迄今五十餘年，修得太極上乘功夫。林師自80年代為恢復陳微明先生創辦的致柔拳社而奔走，繼之出任復社後的第一任致柔拳社社長。1994年以來專志於此書的著述。

　　作為弟子，我們深知林師晚年的夙願就是：「弘揚傳統太極拳術。」他常對弟子說：「太極拳是民族瑰寶，不能失傳於吾輩之手。」今書已付梓出版，眾弟子偕致柔拳社同仁為林師圓了夙願而同慶，亦為太極拳愛好者有了一本弘揚傳統太極拳術的新作而共賀。

　　傳統太極拳是以意行氣，用意不用力的內家拳，具有以下特點：「動中求靜，與道相合，純以

神行，不尚拙力，呼吸根蒂，氣沉丹田；循環無端，綿綿不斷，不離不距，隨機應變；專氣致柔，以弱勝強；純任自然，無幾微勉強。」這些可與武林拳諺相印證，拳諺曰：「太極拳是先有道才有拳，惟悟道，拳法方能至臻上乘。」由此是言，太極之練，得道而習拳，則事半而功倍，得拳不悟道，則事倍而功半。

這裡說的「道」是指源於老莊學說的太極拳理。練太極拳不能寓拳理為內核的練架，就不是傳統的太極拳，枉費多年苦練而仍修不到太極之上乘功夫和境界。緣於此因，林師在此本書中，從一招一勢開始，寓拳理於招式中，把神態、心意、身形相互關係，具體要求逐一詳述講解，使讀者不但知曉招式身形之動態，更清晰功理身法之涵義，使功理和招式，外形和內在融會一體。

林師對太極拳理的闡解還體現在《學好太極拳13字訣》。例如對「意」的闡述，「以意行氣，練架的一招一勢，一舉一動都是以意來領先的。心意動而後手足動，且動得愈輕靈愈好。用意則輕靈自如，用力則僵硬遲滯」。的確，唯有以意行氣，可由外形到內樞，從有形到無形宜至內外相合，心意相合，形神並茂。唯有以意行氣，才能虛若空無飄渺，實似巍巍山岳，唯有以意行氣，才能猶如莊周之夢蝶，人蝶不分。

又如對「靜」字的闡述：一即平心靜氣，二指

安靜的環境。此意是講習練太極拳的內外部條件。
「靜」即是掃除雜念，而除雜念是第一著築基練己
之功，所謂去其輕浮剛猛之氣是求心平氣和，心平
則神凝，氣和則息調。

老子說：「致虛極，守靜篤。」虛是虛無，極
是中極，靜是安靜，篤是專篤，其意致吾神於虛無
之間，而準其中極之地，守其神於安靜之心，盡其
專篤之功。所謂入於清靜無為之域，身心必先守
靜，靜久則心自定，此乃入定之功也。可見練太極
拳「靜」之重要，唯有內外條件具備了，此時以意
領拳，以心行氣，沐日月之精華，渾天地之靈氣，
安舒以怡悅身心，中正以泉生瓊液，氣沉丹田而壯
血脈，太極之精微由此得矣。

再看「鬆」字訣。林師的釋意是鬆要達到鬆
淨，此「淨」即是無的意思，無絲毫僵硬之處，拳
論云：「由著熟漸悟懂勁，由懂勁階及神明。」著
熟是一層功夫，懂勁是關鍵的第二層功夫，而神明
則是第三層高級功夫，微明先生說：「著熟不難，
懂勁最難，懂勁後方謂入門。」林師告誡：「欲求
懂勁，唯以輕靈。」所謂「輕靈變化求懂勁」，專
指學練過程中唯有走輕靈之路，鬆求輕，輕則靈，
靈則變，變則通也，鬆是習練之基石也。

太極拳既是一種武術，又是健身術，且蘊涵著
養心修性的處世哲理。作為武術，太極拳招招有禦
敵之功能；作為健身，又式式具有通經舒絡暢血之

效果。作為處世之道，太極拳理與道相合，大之可以應付曲當，小之可以全身遠害。

趙樸初先生在《陳微明太極拳遺著匯編》題詞中說：「太極拳不僅運動健身，且有習定增智之妙，其有止有觀，蓋兼佛道兩家之妙用。」這些要言，實質皆指傳統太極拳對拳理的重視。而且正因為太極拳是傳統的，故所以有其純正性。因此要求學者先練其身，次練其心，再練其神。此是習練傳統太極拳之本質也。

林師授教時深恐氾濫而失其本源，流動而忘其規矩，溷雜而違其精意，故一再提倡：「學拳不能求快，要慢工出細活，且還要精工細雕。」由此可知，如若教者無精密之教法，學者無縝細之研練，何能得太極之精微。

因此，林師在其著作中唯恐一招一勢交待不周，例如預備勢，就此式中兩腳站位，神態姿勢，眼光手勢，口舌呼吸，全身重心及意識感覺都從拳理出發，講得清清楚楚，竅訣處指點得明明白白，把常人認為十分簡單的預備勢，述其形姿，揭其內核，詳其精細，警其要害，點明了開好頭起好步的重要性。由此可舉一反三，讀者可邊細心研讀邊反覆揣摩，在演練拳架中悟解掌握拳理並融會貫通。

練太極拳若只從動作姿態上去追求外形的完美，忽視了內在及心性上的修鍊，那是取其末而忘其本也。太極拳練的乃是精、氣、神，即練精化

氣，練氣化神，練神還虛，養虛靈以生智慧之功夫。動動手踢踢腳，充其量只能稱太極操之類；安知其中之玄妙耶。

總之，從招式神態中去知曉拳理，又從拳理中去融會把握拳式，這是學習太極拳的正確途徑，亦是林師此作之本意。以上拋磚之言是我們幾位弟子的理解和體會，是為序。

寧波市致柔拳社

高載加

林國富

鄔建國

序　四

　　上海交通大學對體育健身活動極為重視，學校領導尤其關心傳統太極拳的教學。早在20年代，交大就設中華國技傳習所，聘專職武術教師任教。1991年末，黃翼夫先生介紹林炳堯老師來交大傳授楊式太極拳，林老師是微明先生的弟子、致柔拳社現社長，交大的太極拳愛好者都為能學到正宗的楊式太極拳興奮不已。

　　第二天，我們很早到操場，林老師卻已在那裡等我們了，他雖年近70，卻依然身手矯健，行拳神凝氣靜，中正安舒，綿綿不斷，從容大雅，使人賞心悅目。林老師對我們說：「學太極拳不僅能健身祛病，而且有陶冶性情、平衡神經系統的作用，對於從事腦力勞動的研究人員特別有好處，所以願意把太極拳這一國之瑰寶帶入高校，望大家練習後能精力充沛，多為國家做貢獻。」

　　這一學不覺過了五年，通過學習鍛鍊，大家都在不同程度上受益，當年的學員如徐文勝、張鵬、莊勇、高維樹、李有宏、湯浩、幸雲、王智泉、周健軍、李浩、楊毅、黃英杰、陸森等和筆者現在都

堅持鍛鍊，平時碰到一起還交流心得體會。

　　針對我們知識分子的特點，林老師除了給我們講解動作外，還講述拳理拳法，對同學的疑問總是有問必答。我們喜歡看古典拳論，但理解其深奧含義有困難，林老師就不厭其煩詳細講解示範，對於一些長期有爭議的，林老師的精闢闡述常使我們豁然開朗，如「含胸拔背」，很多同學不很理解，什麼是「含胸」？「含」到什麼程度？有什麼用處？常見雜誌上發表各種見解，林老師指出：「含胸拔背」是「太極拳十要」之一，當時楊澄甫先生沒有詳細說明，致以後許多人望文生義，仁者見仁，智者見智，造成混亂。

　　事實上提「含胸」主要是要和外家拳之「挺胸努氣」相區別，微明先生曾對他說：其意應是「舒胸順背」，這樣練起來就自然了。林老師說：「含胸只有在推手時當對方擠來，我胸微含可使敵落空。」大家按林老師的要求去做，一套拳下來身心舒展，身體、精神一天比一天好。

　　除了太極拳套路，林老師還傳授了太極拳推手等技藝。在跟林老師學習推手時，我們真正感到了太極拳「動之至微，發之至驟」的特點，見識到了「仰之彌高，俯之彌深」的神技，不管你怎麼推，林老師都能從容化解，他人在你前面，可你怎麼也找不到他的實點，一用力自己就腳跟上浮，如臨深淵，而林老師只是笑眯眯看著你，有時一推如推在

山上，自以為找到點了，正想繼續用力，卻不得勁，遲疑間，已騰空跌出。

在交大，林老師一高興，有時連續幾十次發勁，每次都把我們重重擲拋在水泥樓牆上，樓上老師以為地震，都探頭出來看個究竟，有的說：「輕點，輕點，不要把人打壞了。」可我們知道林老師是用長勁發放，被發者相當於練排打。時間長了，大家的身體結實，一般人的拳腳就可以承受了。推手教學中，林老師對我們要求很嚴，要我們「聽」對方勁，不妄動，要求相挨的地方皮膚不皺，隨勢走化，不丟不頂，看到我們有了進步，林老師十分高興，有時也跟我們講解拳架的使用。

林老師說以前楊家和人打手時，講好只用一個「雲手」，隨對方如何進攻都可以一一破解反擊，林老師給我們示範拳架的使用確實招招銳利，拳拳服膺，一挨身，不是跌出的問題，而是逃都沒地方逃。林老師解放前除了跟微明先生學習外，在微明先生離開上海外地授拳時還由微明先生介紹跟田肇麟、褚桂亭等前輩學藝，另還向同輩師兄如陳鐸鳴、葉大密、徐文甫等，還有比他早的「小字輩」討教，謙能得益。這些大師的技藝特色林老師都能給我們一一示範。

我們還有幸跟林老師學習了部分太極拳動作，太極長拳，也稱太極藏拳，過去楊家只傳入室弟子，不傳外人。原來的59式，經微明先生加入他從

孫祿堂先生那裡學來的形意、八卦部分功式，增為108式。林老師在不改變原套路的基礎上為了教學需要，細分為160式。

太極長拳側重於技擊，每式除作為單操反覆練習外，還需對打訓練，能在任何情況下隨心所欲使用，方可學習下一式，雖動作稍快，然不離太極宗旨，每式動步發勁，運動量大，特別適合青年人練習。林老師和我們演練左掤（péng）的用法，不管你從何處來，是什麼勁，他都能掤接後順勢乾淨利落將你擲拋而出，功夫階及神明。當時和我們一起學習太極長拳的還有陳友紅、鄭涵青。得林老師藏拳傳授的上海傳人有濮冰如、徐叔寶、李品銀、許優德等。

在抗戰勝利初期，崔毅士老師的徒弟和西卿（河南人）從四川到上海，林老師因經商結識了和西卿，相處甚厚，所以也將太極藏拳教給和西卿。後崔毅士來上海期間，和曾在太倉路太倉旅社介紹林老師與崔毅士老師相識。

據林老師說：「藏拳精華寧波致柔拳社弟子所獲甚廣，主要學習肯下苦功，因同鄉關係教育時言語通順，容易接受的原因。」

除了教學，林老師平時還整理撰寫一些資料。在寫作時，林老師非常認真，一絲不苟，資料反覆查校，用詞常推敲數遍，還常徵求拳友意見，怕寫出的和要表示的不一樣。一些內容，陸森和我按林

老師的要求在電腦上不知修改了多少遍，林老師精益求精的治學態度使我們這些從事科學研究的人都感到汗顏。

近年，林老師潛心著述，1992年整理出版了陳微明的《太極拳術》一書（華東師範大學出版社），1995年為慶祝致柔拳社成立70周年內部印刷發行了《太極拳歸元》講義，今新書《楊式太極拳架詳解》又將付印，林師囑為序文，謹承師命略述緣起於上。願大家都能掌握太極真諦，鍛鍊身體，增強體質，為社會多做貢獻。

上海交大

黃林鵬　謹序

太極拳旨意詮解

太極拳流傳已久，作爲武術文化，其旨意是什麼？當以養生爲宗旨。

當年，張三豐祖師恐修道士靜坐功久，血脈有凝滯之憂；山行野宿，突然有野獸之危……創此太極拳以傳修道士。

王宗岳先生說：「詳推用意終何在？益壽延年不老春。」

陳微明先生創立致柔拳社，明確指出以養生爲宗旨，禦侮爲餘事，使人人強健，雪病夫之恥。

我有幸拜陳微明先生爲師，師說：「純正的太極拳應具備以下特點：

　⑴ 動中求靜，與道相合；

　⑵ 純以神行，不尚拙力；

　⑶ 呼吸根蒂，氣沉丹田；

　⑷ 循環無端，綿綿不斷；

　⑸ 不離不距，隨機應變；

　⑹ 專氣致柔，以弱勝強；

　⑺ 純任自然，無幾微勉強。」

常年習之，得益匪淺。有生之年勉力歸納成本書，積六十餘年之體會，詳解楊式太極拳拳架。

願人人健康、快樂、長壽。

初學太極拳十三字訣

太極拳是我國的優秀文化遺產之一。也是武術運動中的主要拳種，它對防病健身具有良好功效，適宜各種年齡的人鍛鍊。

根據我個人六十餘年練拳和敎拳的體會，練習太極拳的要領可歸納爲十三個字。

㈠靜：

就是平心靜氣和環境安靜的意思。學練太極拳首先要求我們自始至終都思想寧靜，排除雜念，專心練拳，使自己意識集中，思路專一，心無二用。其次要找一個安靜的場所，以利於細心揣摩。要以靜養性，使自己始終處在平心靜氣狀態下。因爲心靜才能氣平，氣平才能息調。在心靜、體鬆、神舒、息調的自然姿態下練拳，可以較快進入所謂太極拳意境。用前人的話來說，就叫做：「去其輕浮剛猛之氣，入於淸靜無爲之域。」

㈡意：

太極拳是「以意行氣」用意不用力的內功拳。這就是說太極拳的一招一勢、一舉一動都是以意來領先、以意來引導的。什麼是意？意就是心意，意就是意識。要以心意來運動肢體，做到「意動身隨」。意到哪裡，手足就運行到哪裡；心裡怎麼想，四肢百骸就怎麼動。而且動得愈輕

靈愈好，決不是憑力氣驅使手足運動的。用意則輕靈自如，用力則僵硬遲滯。拳論說：「以心爲主，而五官百骸無不聽命」。古人講心，就是指意。意發自大腦。

(三)鬆：

就是放鬆、鬆淨。放鬆是練太極拳的重要築基功夫之一，不僅周身肌肉、關節都要放鬆，而且意識也要放鬆。因爲神經支配全身，只有意識眞正放鬆，不緊張了，才能放鬆全身肌肉和關節。所以練拳開始，先要用意識來引導全身的肌肉和關節逐步放鬆，四肢百骸由僵變柔，整套太極拳就是在靜柔鬆的狀態下運轉的。所謂鬆，當然不是鬆垮，更不是鬆散，而要鬆而不懈，鬆而不散。懈則漂浮，散則無根。

(四)柔：

是輕柔、柔軟。就是說練太極拳的動作要輕靈、綿軟、柔和，不能加拙力、不能用僵勁，否則動作就會呆滯、僵硬。當然，輕而漂浮，軟而無神也是不對的。「專氣致柔」是太極拳的主要涵義，練太極拳的人，一開始就應在柔字上下功夫，必須「先化硬爲柔，然後練柔爲剛」。這裡所說的剛，不是笨拙的力、僵硬的力、而是指先天發自丹田──實際是腰脊（發自人身中之大中極之中的內勁）之力。這種特殊之力，非苦練是難以感覺到的，一般以祛病強身爲宗旨者不必追求它。

我們在日常勞動中，用慣了局部的拙力，每當不能勝任時，還要有意識地加強拙力，使胳膊、腿非常僵硬。因

此在初學太極拳時，手足的一舉一動總不免帶上僵勁滯氣，沒有一點綿軟的味道，輕靈就更談不上了。這種僵硬之力不除去，體內自然之剛勁就無從發出，其道理就像封閉的爐火，不能生焰發熱一樣。所以，若未經過長期的極輕靈極柔軟的習練，急於追求「剛柔相濟」、「柔中寓剛」、「綿裡藏針」等高深技術，就必然會誤入歧途，初學者必須從極鬆、極輕、極柔開始。極柔而至剛，萬法而歸一。老子說：「天下之至柔，馳騁天下之至堅。」運用柔軟以迎剛，可以化剛爲烏有。這是「有心求柔，無心成剛」的道理。周身柔和了，也就輕靈圓和了。練習日久，自會趨於「剛柔相濟」的境界。

㈤正：

就是端正，立身中正的意思。身法正者，身體端正，不偏不倚。頭要「虛靈頂勁」，好像頭被繩子鬆鬆懸起，舒胸順背，沉肩鬆腰，腰脊無凹凸彎曲之形，尾閭中正，這樣頭頂，軀幹至尾閭自然形成一條垂直線。身正則上下通達，氣血運轉就暢通無阻，這不僅有利於「氣沉丹田」形成上虛下實、胸寬腹實的狀態，而且有利於腰脊旋轉，使立身穩健，不失重心。

微明老師敎拳時常說：「爲人之道，必須中正，有了中正，安舒也來了。」他還把老子所說：「上善若水，居善地，心善淵，事善能，動善時，夫唯不爭，故無尤（尤字作過失解）」。這番道理用到拳術與武德上來說：「居善地者，得機得勢；心善淵者，斂氣斂神；事善能者，隨轉隨接；動善時者，不先不後；太極之無敵，唯不爭

耳。」

(六)圓：

前人都用太極圖的原理來解釋太極拳。太極圖呈圓弧形，並寓有陰陽之別，動靜之機。太極拳的運動也一樣。從它的外形上看，四肢的上下左右前後運動，從不直來直往，而是做圓環或者弧線運動，因此，它的運轉能綿綿不斷，柔和自如。太極之圓其外無邊，其內無點。內外雖然有別，但相輔相成，腰脊旋轉，其由外向內、以內催外，是內外一致且緊密配合的。

(七)綿：

綿綿不斷、均勻和順。練拳時動作不能忽快忽慢，不能時斷時續，必須均勻和順。呼吸更宜均和自然，運行得忽快忽慢，會引起氣血弛，從而破壞身體勻和平衡的生理機制會出現呼吸急促、動作散亂、不協調等現象，對身體有害無益，對康復者更不利。

(八)隨：

就是相隨、跟隨的意思。也就是上引下隨，下引上隨，左右協調，周身一體，互相貫通。練拳時切不可左引右停，上動下滯，各不牽連。四肢百骸必須做到「不動無有不動」和「一靜百靜。」形成習慣後，就不至於有顧此失彼，瞻前不顧後的現象了。眼神和動作的關係是「眼神領先，各相關連」；腳步和身軀的關係是「步隨身換」、「身隨步移」。拳論說：「上若動、則下自隨之；中若動

而上下和之；下若動，則上自領之」，說的就是「上下相隨」的道理。

(九)連：

連貫的意思。練拳時動作要貫串圓活，自始至終如抽絲，周而復始，如圓環。動作是意念的外形表現，手足的運行轉換也是如此，特別在前後轉動，不僅要有承上啓下之意，而且要有連貫無隙之形，著著勢勢自然緊密結合。形成有機的整體。所謂「一氣呵成」，「勁斷意不斷」，「意斷神可接」等，說的就是這個道理。

(十)慢：有二層意思

1.學拳不能性急。一般學拳的人，往往迫切要求很快地學會，學完全套拳式。殊不知快慢而不當，反而有弊無利。俗語說：「欲速則不達」，「慢功出細活」，初學時應樹立「慢工出細活」的意願。這就是說，學拳必須順序漸進，扎扎實實地學，一招熟悉後，再學下一招，決不可粗枝大葉，不求甚解地學。只有慢慢學，才能深入領悟手足的運行規律，拳架定式，上下承接和虛實轉換等基本要領，而且平時看得多，聽得多，領會也多，練起來進步反而快。學習的過程是一個吸收、記憶、消化、鞏固的過程，也是反覆實踐不斷加深領會和糾正謬誤的過程，這個過程寧可放長點，使學到的姿勢比較正確、比較鞏固，日後不易出現「走樣」和遺忘等情況。反之，如果初學時馬虎，日後必然會手足錯亂，運行呆滯，對行氣運轉等要領更是茫然無所知。天長日久，姿勢謬誤，校正起來就困難

了。常言道「寧磨千遍，不改一著」，慢工出細活，學得雖慢，實際是快；表面學得快，實際是慢，這就是兩者的辯證關係。

2.在練拳時應自始至終順其自然，慢慢的運行。速度緩有慢有利於暢通氣血，有利於呼吸深長，有利於陶冶性情，有利於虛實分淸增進功力，也是使動作銜接淸楚和保持輕靈的重要方法。在姿勢趨於正確、定型、動作運行已納入正規後，是可以適當加快的，動作變快時，各種轉折、銜接的地方都必須做得十分認眞、不可含含糊糊，一帶而過。總之，必須做到快而不亂，慢而不散。

(十一)真：

就是認眞。學拳要「一絲不苟」「鍥而不舍」一招一勢都要循規蹈矩。對眼、手、身、步法的基本要求都要毫不含糊。每一個姿勢都要力求自然舒展，合乎規範，久而久之就不會變樣了。

有人問我：「你打拳的姿勢是不是一定正確呢？」我說：「我至今還是經常以澄甫先生和微明先生的拳式對照著練的。自信是嚴格按照澄浦、微明先生的拳式練拳教拳的。是循規蹈矩的。只是在個別地方，例如「彎弓射虎」這個動作中，我有意把長拳（又稱藏拳）中一些動作揉和進去，其目的是增加這個動作的對稱性，可更加舒展順暢。

(十二)恆：

就是長期堅持。我們不論做什麼，只要有持之以恆的

毅力，頑強「練」和「悟」的學習態度，通過反覆不斷地實踐，再大的困難都是能夠克服的，學拳也是如此。但許多人初學時表示態度誠懇，決心大，一旦學會了初步的架子，便以爲已經全部學會了，學習的勁頭也就鬆懈下來。其實，這才像一個剛剛學會站立的嬰兒邁出了第一步，離眞正的功夫還相差甚遠。再過些時候又覺得練不練都無所謂，三天打魚，兩天曬網，任其自流，結果把已學會的也忘得一乾二淨，前功盡棄，像這樣半途而廢的例子是屢見不鮮的。練拳應該堅持每天鍛鍊，不可間斷。初學時，可能由於改變腰腿習慣，會有站立不穩等感覺，但學了一段時間，就會覺得滿身輕鬆，吃得香、睡得穩、便得暢，身心愉快，體力增強，患慢性病者病情逐步好轉。也有一些人意志不堅，怕苦怕累，急於求成，或因環境變遷而被迫停練，事後覺得渾身不適，於是重新恢複鍛鍊，又獲得輕鬆愉快的生活樂趣。經過這種反覆的人往往更能體會到太極拳的顯著效益。

㈢謙：

就是謙虛、虛心。在練拳時，要虛心學習，不要淺嘗輒止。因爲學習任何一門知識，都是沒有止境的，學拳也不例外。入門不易，提高功效更要需虛心好學，刻苦鑽研。深奧之處有待於長期學習，反覆實踐，才能逐步理解。人人都應有自知之明，常以「滿招損，謙受益」爲座右銘，經常鞭策和激厲自己。

十三字訣的總訣是一個「練」字，捨練而空談則總無益也。

楊式太極拳架詳解

第一路

第1式 預備勢

面向南，兩足平行成阿拉伯數「11」形，按肩寬距離兩腳分開站立。

站立的姿勢，腳尖腳跟不可站成內八字或外八字形。膝關節勿前屈，勿後挺。手臂自然輕鬆地下垂，手掌心向下，手指略分開，切勿繃緊手指和手腕等關節。

頭要端正，做到「虛靈頂勁，神貫於頂」，用意不用力，要求既輕又鬆的習練。兩眼平視前方，嘴唇輕閉，舌就自然舔於上腭。

、　姿勢練正確，口腔內會自然產生唾液。

打拳時一定要精神飽滿，意識集中，全身輕鬆，做到外觀中正，自感安舒。這時的呼吸應該是自然的腹式呼吸（圖1）。

圖1

【注意事項】

1.由於全身自然放鬆，毫不屏氣，身體會有一些輕微搖晃的感覺，重心好像有時在腳掌，有時在腳跟，可聽其自然。不要在腳底用力控制，只要保持在原地站著，切忌做有意識的前後晃動。如掌心和手指肚微覺發熱發麻脹

大，那是微血管暢通的現象。

2.太極拳的預備勢，看上去好像很簡單，但要做到真正符合要求卻並不容易。須知這是練好整套拳架的關鍵架式，學練者必須細心體驗，正確領會要領。並最少需站立1分鐘以上，當自己感覺到輕鬆自然，雜念毫無，專心練拳，使呼吸順暢了才可進行第二勢。如果認為預備勢簡單而馬虎對待，就會影響整套拳架的學練效果。

3.練拳要注意方位，預備勢所站立的位置，是整套拳架開始時的位置。我們不妨想像自己站在一個圓圈內，圓內畫有一個十字形，十字線的交叉點就是這個圓的中心，身體的中心垂直於圓心。這個中心的南北方向的線為經線、東西方向的線為緯線。兩腳站在東西的緯線上，腳掌和緯線成直角，和經線平行。太極拳基本上是沿著緯線來回移動的，移動時中間也有許多前進後退、左右轉身變動方向的動作，身體垂直中心線的坐標中心是隨著身體移動而相應變更的。習拳者心目中有了這個坐標，習練時就容易記住每一動式的方位，不致出現偏差。

（本書所介紹的預備勢為面朝南而立）

第2式　起　勢

接預備勢，以手帶臂，兩手緩緩向前向上平提至與肩相平，提手的動作要柔和，速度要均勻。習練時可以想像，似乎有兩條帶子粘住了手背，向上提吊，這就是「用意不用力」的意思。兩手平提時，肘部要稍低成自然弧形（圖2-1、2-2側面圖）。然後再想像身後似乎有一條凳子，臀部慢慢向下坐。這時兩膝彎屈著力，而上身仍保持

正直，脊背不可屈曲俯仰，臀部不可突出，呼吸任其自
然；與此同時，肘漸下沉，以肘帶手，雙手隨後坐之勢緩

圖 2-1　　　　　　　　　　　　圖 2-2

圖 2-3　　　　　　　　　　　　圖 2-4

緩水平後收，向後向下收近到胸前。

後坐時身體重心移至足後跟最後一點上（圖2-3），覺得將有後仰趨勢時，雙手稍向下按，並弧形向前，順圓弧線緩緩前伸，伸到同肩等高位置，以保持身體平衡（圖2-4）。

整個過程要求身體中正，重心平衡穩定。如圖（2-3、2-4），初學者應多練預備勢和起勢，每勢可練5分鐘以上，如果把這兩種姿勢單獨練習，時間站得久一點，才能形成扎實的基礎。

【注意事項】

1.從起勢開始，習練者進入外動內靜狀態，各式動作要緩慢、輕靈、舒展、自然。用最輕最微小的力，即純以意行，意動身隨。

2.力求做得低些，體弱者可以高些。架式不論高低，上身必須中正，臀部不可後凸和前挺。膝蓋不要過於前屈而形成跪姿。

3.有人認為：為了增長內勁，做這個架式時要著意「提肛吊襠」。這是沒有必要的。因為脊背正直，上身不前俯，臀部不外突，則肛門自然上提，腹部也能自然呼吸，反之，如果姿勢不正確，上身前俯了，臀部外突了，肛門必然張開外突。讀者不妨一試。按照傳統的太極拳論，「提肛吊襠」能增長內勁。其實，這種提肛應該是按照正確的姿勢習練時自然形成的。如果習練的姿勢錯了，又怎能增長內勁呢？人為強求屏著氣的提肛吊襠是不可取的。

4.雙方提至同肩高後，後收，下按，前按，手指像在一根直徑200毫米的圓棍上循外圓移動。

第3式 攬雀尾

攬雀尾包括6個分支動作,它們的順序是:

1.單手掤(Péng 見編者按):

緊接上式,把身體重心移到左腳,然後把右足尖撇向西南(轉動約45°),上身要隨腰部也同時移轉向西南。右臂隨腰右轉,肘部稍屈。與此同時,左手緩緩向右下抄轉。兩手手掌上下相對如抱球,也稱「合手」。重心也同時移到右腳,左腳膝關節稍屈,腳尖輕輕點地(圖3-1)。這時全身重量都在右腳上。左腳提起向正南邁出一步,腳尖向正南,腳跟落地時須注意兩足跟仍保持與肩同寬的距離,也就是兩腳踏在身下經線(見註)的兩側(圖3-2),然後,左手緩緩隨腰肢轉動,手心向內,對準兩乳中間;右手心向下按轉到右肋外,同時右腿漸伸,左膝漸弓(圖

圖3-1   圖3-2

3-3），左手爲掤，右手下按，胸脯由西南漸轉向正南
（圖3-4），這幾個動作是協調同步同時完成的。（註：
南北方向爲經線；東西爲緯線）

圖3-3　　　　　　　　　　圖3-4

　　編者按：以往太極拳書中把這個動作稱「掤」，而本
書稱堋。堋在《現代漢語詞典》中釋爲：「我國戰國時代
科學家李冰在修建都江堰時所創造的分水堤，作用是減殺
水勢。」而「掤」這字《詞典》中是沒有的。編者認爲本
書作者將此動作稱「堋」更貼切。「堋」的動作含義作者
在本書「太極拳推手練習法」的第四節有評述，請參閱。

　　【注意事項】

　　注意這一動作的定式，從肩部兩臂到手掌要擺得十分
和順（圖3-4）。如果從頭頂上面往下俯視，這一定式的
背、肩、肘、腕和手指的外側形成一個圓環。

　　內側也形成近似一個圓環的模樣，此式應該由（圖3

-3）再轉到（圖3-4）才爲正確。

2.合手：

身體由單手掤的姿勢緩緩後坐，即右腿稍屈膝，左腿稍伸，把左足尖勾向西南(圖3-5)。緊接著身體重心緩緩往前移，即從右腿移向左腿上，右腿伸直，左腿成側弓步。在身體一退一進的過程中，兩手趁勢順時針各平轉一小圓圈，左手圈小，右手圈大，右手心在腰轉往西南時漸反轉向上，手指向左平刺，雙手成爲左合手狀。上一個合手是兩手手心相對，這個合手右手心是在左肘尖垂直線的下面，雙目仍平視正南(圖3-6)。這時，胸脯已轉向西南。

圖3-5　　　　　　　　　　圖3-6

【注意事項】

做這個動式時，兩足跟的位置並未移動，但整個身體的重心有所變化，先向後退，後又前移。這個動式是由腰胯來帶動的。腰胯動，兩腿隨之屈伸，於是重心移動。與

此同時，手臂相應圓轉，腳尖也動。這些動作必須做得非常協調和諧，這就叫「上下相隨」，一動無有不動。如果不注意運用腰胯來帶動，練起來就會覺得不順暢。

3.雙手掤：

上式中左腳尖勾向西南，就是為本式做準備的。於是左腳踏實，身體隨腰胯稍轉動，胸脯向正西，提起右足向西邁一步，邁步時需走弧形線路（即提起右足後不是徑直向落足點，而是向內側稍許繞一外弦弧度再到落足點。落足點應在緯線的北側，而左足則踏在緯線的南側（圖3－7）。

右腳邁出後，身體重心由左腳慢慢移向右腳，即左腿漸伸，右膝漸弓；同時，兩手隨弓步緩緩向正西方向送出。右手在前，手心向上；左手跟在其後，手心向下（圖3－8）這個式子就稱為「雙手掤」。

圖 3－7

圖 3－8

【注意事項】

兩手的中指和鼻尖要垂直於緯線正中，不要偏左偏右。

右足提起向西跨的時候，不能將右足收回到左足旁再前進，只須稍帶弧形即可。

弓步時，最容易犯上半身前傾的錯誤。雙手掤出時身體重心的移動是靠兩腿的屈伸來實現的。後腿伸，前膝弓，重心就前移。初移時上身稍有一點前傾，弓步到位時則身體必須中正，頭也要端正。

所謂犯前傾的錯誤，是指姿勢已到位，上身還是向前傾斜。身不中正，重心被破壞，也就達不到氣沉丹田的要求。

弓步時膝蓋的中心線一定要垂直足尖（圖3－8）。如果膝蓋的中心線垂直於腳掌內側，則臀部就偏向足跟的外側了，那麼，身體垂直中心線的點移向右側了。這種錯誤，不能忽視。左右弓步都是一樣。

圖 3－9　　　　　　　　　　　圖 3－10

4.捋式：

接雙手掤式，腰腿帶動手臂
稍向右轉約10°。右手心隨之翻
轉向下，左手心同時翻轉向上
(圖3-9)，右腿漸伸展，左腿
漸屈，身體隨著後坐，把兩手向
胸前帶回(圖3-10)。腰順勢左
轉，兩手隨腰向左向下向後轉一
個大立圓，再回向上同乳部持
平。此時，右手心側掌向內，左
手立掌，掌心向著右手心，兩手
掌心相對(圖3-11)。

圖3-11

5.擠式：

接上式腰胯右轉使胸脯向西，兩手隨轉向西，手指自
然斜向上。兩手心相對，距離約5厘米。左手心不要搭在

圖3-12

圖3-13

右臂上，以免呆滯(圖 3 - 12)。
此時，目光向西平視，伸左腿，
弓右膝，身體重心前移，雙手隨
勢向前擠出(圖 3 - 13)。

　6.按式：

　　雙手擠出以後，左手心由向
外逐漸轉向下。同時，左手沿右
手大拇指上面前伸，再兩手分開
手心向下，拇指相近（圖 3 -
14)。接著，右腿漸伸展，左腿
漸屈，腰胯隨著後坐，在身體後
坐的過程中，兩手隨之向左側平

圖 3 - 14

面畫一條弧線，頗似牽石磨磨粉的動作。當身體形成後坐
時，兩手「引」近胸前的位置(圖 3 - 15)。然後，目光向
西平視，左腿伸，右膝弓，身體重心又向前移動，在弓步

圖 3 - 15

圖 3 - 16

到位時，雙手才隨著向西按出(圖3－16)。按式完成了，整個攬雀尾的過程宣告結束。

【注意事項】

將要按時，如圖3－15，應自己檢查呼吸是否順暢自然，如覺不暢，必是不自覺的在屏氣所致，要立即放鬆。動作要做得柔和，用意不用力，全身放鬆，腹部呼吸自然了，才能做向前按的動作。

前按時，目光可先尋找一個在前方的目標，（一棵樹、一堵牆等等），心裡要有意念活動，我要把它按到極遠處去。但這僅僅是意，動作仍須做得極輕靈，極柔軟。初練太極拳，不要有「綿裡藏針」「柔中寓剛」「剛柔相濟」的想法，即不要用拙力。整套拳架和推手都是這個道理，否則動作必然僵硬。

實際是把人推出去，爲什麼寫「按」出去？因爲「推」字較單純，「按」字是多變的。如中醫按脈中的「按」。兩手按出時，手指尖會微微發麻，手掌心有熱感，這是毛細血管暢通跡象。傳統的說法稱「得氣感」。所以習練時一定要刻刻注意「中正安舒」，全身鬆柔，渾圓流利，心平氣和，順乎自然。當然，這種境界是需要經過細心揣摩才能達到的。

攬雀尾的6個分支動作（及至全套拳架），既要勢勢分明，又是緊密銜接的。習練時既要勢勢到位，又要綿綿不斷，連貫地進行。

第4式 單 鞭

攬雀尾的最後動作——按式是面向正西的。按出以後

圖4-1

圖4-2

身體要向東南轉動，轉動的步驟是：先向左回首看，這叫眼神領先。接著右腿漸伸，左膝漸屈，腰胯隨之邊後坐（稱左靠）邊左轉，右腳尖內勾轉向正南，兩手掌向下，隨腰胯向左平抹（圖4-1），緩緩轉到左手向東，右手在左肩前（圖4-2）。

　　眼神向西，頭向右轉，身體重心逐漸從左腳向右腳（稱右靠），右手隨身體平轉至偏西，左手同時向下劃一圓弧，停靠到右肩前（圖4-3）。右手成吊手，然後目光轉向東，右腳站穩，轉腰先退左腳跟再提起左腳，稍退到右踝旁即向東邁出一步。兩腳內側距離同肩寬。身體重心移至兩腳中間，兩腿似騎馬式。左手心向內屈肘在胸前（圖4-4），隨著腰胯向左轉動，把左手掌心逐漸轉向東，同時右足尖勾轉向東南（圖4-5），右腿伸，左膝弓，當左膝弓到垂直於腳趾時，左手也趁勢向東按出，同時右手繼續向西平轉，使兩手臂近乎成直線。這便是單鞭

圖4-3　　　　　　　　圖4-4

圖4-5　　　　　　　　圖4-6

式（圖4-6）。

【注意事項】

　　單鞭在整套拳架中有特殊地位，常常起著承上啓下的作用。動作也比較複雜，學練者須細心揣摩。在練這架式

時，可以增加一點中定的時間。這個架式也可以單獨作爲站樁式來鍛鍊，正反式均可。這些不能機械地認爲違反了「綿綿不斷」的原則。

　　練單鞭式時，應特別注意「中正安舒」上身不要前傾。肩背不要向北傾斜。如上身向東傾斜，則內氣必停滯於左腋下心臟區；如肩背向北傾，則內氣必停滯於兩乳中間膻中穴區，達不到自然「開」的效果，就不能舒適自然了。

　　欲左靠，眼神領先左顧；欲右靠，眼神領先右盼。眼神領先向東時，左手才向東按出。勢勢做到眼神領先，才能意到氣到。

　　右肘下如吊一根垂線，線中心應垂在右膝上。不可與左手成直角，成爲直角是斜單鞭了。單鞭兩手臂近乎直線，含有輕柔地擴胸並打開膻中穴之意。

　　一定要始終保持自然腹式呼吸。這樣才能符合「氣沉丹田」「氣宜鼓蕩」的要求。

　　單鞭定式一定要練得正確無誤，才能進行下一式，否則，這一動作練得不正確，會產生連鎖反應，影響到習練的效果。

　　單鞭腳的位置，是長方形內對角線兩端。見圖4－7。

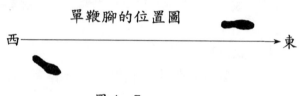

單鞭腳的位置圖

西 ———————————————→ 東

圖 4－7

第5式　提　手

　　接單鞭式，身體重心右移，左足尖由東勾轉向南，左手同時向下向西（圖5－1）劃一弧線後，又緩緩上提到下

圖5－1

圖5－2

領前，身體重心再移到右腳（即屈左膝）同時右手的吊手鬆開，下移，向東抄至小腹前，眼神向南（圖5－2），這時身體向南，右腳掌點地，腳跟隨著身體轉動而被拖動靠向左足跟，接著右手右腳同時向上提，方向向西南。左手在右肘旁護胸，右手在前，兩手前後相應。右足跟著地輕放（圖5－3），為提手勢。

圖5－3

【注意事項】

左足應站穩，右足跟輕放地面，身體中正，其他部分都需輕鬆，才能呼吸自然，達到「氣沉丹田」「氣宜鼓蕩」的要求。

此式（圖5－2）是面向南，（圖5－3）是面向西南為斜角式。

此時，假定自西南向東北有一條對角線，自東南向西北也有同一條對角線。提手這個式子的方向朝西南，左右兩足各在對角線的兩側，兩足都不要踏線，各在對角線的近側。後面斜飛式相同，也在對角線兩側。白鶴亮翅等雙腳是在緯線近側，容後再談。

第6式　白鶴亮翅

提手勢以後，右手緩緩放下，劃一弧線下捋到左肘下（圖6－1），右足提起向西南方向略進半步成為扣步，足尖

圖 6－1

圖 6－2

向東南踏實，全身順勢向西南角靠去(圖6－2)。眼神轉向
東，兩手分開(圖6－3)，同時胸脯由東南逐步轉向東，左
足稍收回使足尖向東輕點地面。此時，右手指指天，意在
上接天氣，手心向東，左手心向下，手指向東，意在下按
地氣，全身「坐」在右腳上，著力點在右足跟(圖6－4)。

圖6－3

圖6－4

【注意事項】

　　向西南靠去是全身之勁，用意不能只想在肩部一點
處。此式初步是胸脯朝向偏南，逐步轉向東。除右足外，
全身都要放鬆。兩足在身下緯線兩近側，都不許踏線。

第7式　左摟膝拗步

　　接上式，站穩右腳，右手翻掌，手心向上，隨腰向北
東平削，左手略向左轉（圖7－1），然後胸脯隨腰胯向右
轉，目光向右後看，右手隨腰向下弧轉到身後手臂約同肩
平，左手由左下方向上劃弧橫於右胸前（圖7－2），然後

目光轉向東，右手屈臂至耳旁，提起左足，向東邁出一步，足尖向正東（圖7-3），全身隨之左轉向東，同時，左手向左下摟至左膝旁，手心向下（圖7-4），右腿伸，

圖7-1

圖7-2

圖7-3

圖7-4

圖 7－5

左膝弓，身體重心也隨左弓步前移；右手手心向下從耳旁向東緩緩伸出，再稍起指，掌心向東按出（圖7－5）。

【注意事項】

此式左足向東邁步時，要避免前後兩腳踩在緯線上。左足應在緯線北，右足則在緯線南，兩足跟距離相當於肩寬。不同於白鶴亮翅在緯線近側。

在左足邁步以前胸脯是斜向東南的。左足邁步時胸脯漸轉向正東，同時左手摟膝。然後右腿伸，左腿弓，右手從耳旁向東按出，幾個動作要協調一致。手腕略坐腕，但不宜繃緊。

第8式　手揮琵琶

上身稍向前移，但右手保持原來位置，隨身前移時，隨勢提起右腳懸著，左腳立穩（圖8－1），接著右腳在左腳後面半步處著地，身體後坐，重心移到右腳站穩。同時緩緩提起左手，右手退回到相當於左肘部高的位置上，掌心向左。身體在後坐的瞬間，順勢提起左腳使腳跟輕輕著地，足踝放鬆自然（圖8－2）。

【注意事項】

此式兩手中指都處在正中，意念想像兩中指各吊一根

圖 8－1　　　　　　　　　圖 8－2

線下垂至地面，垂直線都垂在緯線上，不要偏離緯線。

　　與提手式不同之處在於一左一右，在太極拳中稱爲「川步站椿式」。均可以單獨練習。長時間鍛鍊能長內勁。但必須要特別注意「中正安舒」、「氣沉丹田」、「腹部輕微鼓蕩」腰勿彎，臀勿突，拳式正確，腹部就會自然呼吸。

第9式　左摟膝拗步

　　與第7式相同。但第7式，是接白鶴亮翅做起的，有一個削掌動作。本式沒有這個動作。本式隨腰胯向西南右轉，右手緩緩向下向後劃一立式大圓弧，轉至右耳旁；左手同時也緩緩收到右胸前，做與第7式相同的左摟膝拗步。（圖9－1）～（圖9－4）。

　　【注意事項】同第7式。

圖 9－1　　　　　　　　圖 9－2

圖 9－3　　　　　　　　圖 9－4

第10式　　右摟膝拗步

接上式，眼神左顧，雙臂和胸脯帶動胯向東北左轉，

圖 10 - 1

圖 10 - 2

使左足尖撇向東北（圖 10 -
1），左手向後轉一立式大圓
弧，繞到左耳旁。右手同時屈
肘轉到左肋旁，掌心向下，接
著站穩左腳，提起右腳向東邁
一步，腳尖向正東。同時，右
手外摟至右膝旁（圖 10 - 2），
然後成右弓步，左手隨膝蓋前
弓平胸向東按出（圖 10 - 3）。

　　右摟膝拗步，動作與第 7
式相同，只是方向相反，請參
閱第 7 式習練。

圖 10 - 3

【注意事項】

　　左足尖欲向外撇時，左膝蓋稍後退，垂直於腳跟，腳

掌隨之外撇，這是規範方式。膝蓋垂直於腳趾尖，那時外撇就不自然，如果重心退坐在右腿上，再外撇左腳尖，那就不規範了。

第11式　左摟膝拗步

接上式，眼神右盼，雙臂和胸脯、腰胯向東南右轉，使右足尖撇向東南踏穩（圖11－1），然後提起左足向東邁一步，足尖向正東，全身隨之左轉向東，同時左手向左下摟至左膝旁（圖11－2），然後目光轉向東，右手臂屈至耳旁，胸脯轉向東左手摟膝後手心向下，右手從耳旁隨同右腿伸，左腿膝蓋前弓向東伸出（圖11－3），再稍起掌向東按出（圖11－4）。

圖 11－1

圖 11－2

【注意事項】

摟膝拗步的前腳腳尖向正東的，欲上左步前進，胸脯稍右轉，帶動右腳掌先外撇45°，然後再邁左腳。

前進的腳應靠近站穩的腳步旁向前弧形上步，俗稱走外弦，中間不可停頓。

圖 11－3

圖 11－4

第12式　手揮琵琶

上身稍向前移，但右手保持原來位置，隨身前移時，隨勢提起右腳呈懸空，左腳立穩（圖12－1），接著右腳在左腳後面半步處著地，身體後坐，重心移至右腳站穩。同時緩緩提起左手，右手退回到相當於左肘部高的位置上，掌心向左。身體在後坐的瞬間，順勢提起左腳使腳跟輕輕著地，足踝放鬆而自然（圖12－2）。

【注意事項】

兩手中指都處在正中，意想兩中指各吊一根線下垂至地面，垂直線都處在緯線上，不要偏離緯線。特別要注意「中正安舒」「氣沉丹田」腹部輕微鼓蕩，腰勿彎，臀勿突，拳式正確（腹呼吸會自然）。

圖 12－1

圖 12－2

第13式　進步搬攔捶

接上式，身體和手右轉約為10°，右手握拳，收在右乳前。左腳向東邁出一步，伸右腿，弓左膝的同時，左手上提攔至左額上方，右拳向東擊出（圖13－1）。

然後，腰稍左轉，右拳收至左乳旁，目光向東，左足尖轉向東北踏穩（圖13－2）。右足向東邁一步，同時，右拳

圖 13－1

從左乳旁向上用仰拳向東擊出，左手隨之下降至左乳前（圖13－3）。接著把右拳拗回至腰際，左掌前撲又轉側掌（圖13－4），右拳拗回時右足尖轉向東南，身軀隨勢

圖 13-2

圖 13-3

圖 13-4

圖 13-5

開始前移，左足前進一步，左手向前攔截，右拳隨之從腰際向東擊出，此爲搬攔捶式（圖13-5）。

【注意事項】

向前進步時身體要正直，不可歪斜和仰俯，步法和手

法要相隨。右拳要自然握實，但不可用力緊握。

第14式　如封似閉

上式右拳擊出後，腰胯向左轉，兩肩隨腰同轉，右拳繼續向前進擊，此時左手隨勢護手右臂下時，左手心向上（圖14－1），胯腰同身體後坐稍微右轉。右手鬆拳右臂向後抽回，左手順從右臂外側抹出；然後雙手退回到腹前，兩手掌向上（圖14－2），然後再翻掌，左手指向左，右手指向右，向兩邊左右分開，各轉一圓，轉到掌心向下（圖14－3），伸右腿，弓左膝，身體前移，在左膝蓋垂直於左足尖時，兩手隨勢向前按出（圖14－4）。

圖 14－1

圖 14－2

【注意事項】

練習「如封似閉」時，腰轉肩也須同轉，自然使右肩微偏東，左肩微偏西（圖14－1）。後坐時，身體要隨勢

圖 14－3

圖 14－4

轉正，右臂退回，右手順著右臂外側抹出，翻掌前按同攬
雀尾中的「按」相似，只是方向有東西不同。

第15式　十字手

接上式，右足尖撇轉向南，帶動全身也隨之轉向偏
南，左足尖也隨著勾轉偏向南，兩腳成騎馬勢，同時兩手
臂在脊背帶動下同向上舉，手心向外，兩臂自肩部到指尖
逐彎成一個和順的弧形，在額前合成一個圓圈（圖15－
1）。然後腰胯緩緩下坐，肘隨之下沉，帶動兩手向兩側
稍分，上身逐呈「山」字形（圖15－2）。再下坐，兩臂
隨沉肘轉向下，於是上半身又呈「巾」字形（圖15－
3）。左足尖內勾一點，指向正南，身體重心左移成左仆
步，全身重量落在左腳上，兩手交合於腹前，手心向內

（圖15－4）。（註：兩手應在腹前，此照片拍時有誤）

　　右足尖虛點地，左腿緩緩起立上升，右足離地，兩手也隨之上升到胸前，立起後右足收於左足旁，同肩寬

圖 15－1

圖 15－2

圖 15－3

圖 15－4

圖 15－5

（圖15－5）。

【注意事項】

從下坐的姿勢起立時，主要只靠左腳、左腿的力量，右腳需虛懸，但身體虛弱者練此式時，可先把右腳收回到左足旁，距離同肩寬，同時兩足著力緩緩站起來。

此式適宜單練，即在兩足成馬步，可在足不移位的狀態下按圖的順序，連續下坐、上升、分手、合十字手相結合的方法單練此式。身體盡量保持正直而不前俯，頗能增長內勁。

兩手應在腹前（圖15－4），照片上手已升高。

第二路

第16式　抱虎歸山

接上式，腰胯逐漸下坐，左足尖由南勾向西南。同時兩手掌翻轉向下，重心移向左腳，腰開始右轉(圖16－1)。

兩手以肘帶動向後邊退兩肘邊分開，手心向下，右腳側身提向西北虛懸（圖16－2），重心仍在左足。然後，右足向西北跨出；同時右手向西北平刺，左手向東南捋去。此時，胸脯面向西南，而目光平視西北（圖16－3）。腰胯繼續右轉，左手順勢向上弧轉。經耳旁隨腰向西北撲出（這是左撲面掌）。身體重心在兩腿中間。同

圖 16－1

圖 16－2

圖 16－3

圖 16－4

時，右手掌心翻轉向上，順著腰部轉動之勢收至腰旁（圖
16－4）。然後，右手漸上提並翻掌到右肩前使手心向
外，隨著右膝前弓，身體前移，向西北順勢撲出。同時左

圖 16－5

手心翻轉向上。稍向後将，這便是右撲面掌(16－5)。抱虎歸山式全部完成。

【注意事項】

此式的各勢動作都是圍繞著腰胯的活動來進行的。第一個撲面掌左手是隨著腰胯右轉的動作撲出去的，同時右手也隨之收回。第二個撲面掌是右手先提至右肩前，隨著腰胯的前移、右膝弓出的動作撲出去的。所以其根在腳，身動掌隨，練起來才合乎規範。雙手輪換撲出，稱連環撲面掌，可單獨學練。左右方向都可，但不要練成右摟膝拗步。

第17式　斜攬雀尾

圖 17－1

圖 17－2

　　上式右撲面掌撲出後，即成捋式的開始。接著就做攬雀尾中「捋」的動作，跟著是擠式、按式。與第3式不同之處在於所站位置的方向。第3式攬雀尾面向正西、左右

圖 17－3

圖 17－4

圖 17－5

圖 17－6

圖 17－7　　　　　　　　　　圖 17－8

腳分別站在緯線的南北。而本式的方向是面向西北，兩腳
應該站在對角線的兩側。除此之外均相同，參看圖17－1
～圖17－8。

第18式　肘底捶

　　斜攬雀尾的按式做完之後，
目光領先向東南，頭隨目光左
移，接著右腿漸伸，左膝漸屈，
腰胯隨之左坐（稱左靠）左轉，
帶動右足尖勾轉向西南。兩手掌
心向下，隨腰胯向左平抹，緩緩
轉至左手向東南，右手在左肩前
（圖18－1）。

　　眼神向西北，頭向右轉，身

圖 18－1

體重心從左腳移向右腳(稱右靠)。右手平轉向西北，左手同時向下劃一圓弧，漸漸向上，停於右肩前，手心偏向上(圖18－2)。

圖18－2

圖18－3

圖18－4

圖18－5

　　目光由西北轉向東，身體隨之轉動。先是提起左腳，腳尖轉向東，在原腳跟線處放下，身體重心移到左腳上站穩。同時，兩手隨身向東平轉（圖18－3）。提起右腳，橫向往南挪一大步，也就是身體轉向正東以後在左腳的右後方落定，足尖向東南，然後腰胯後坐，重心移到右腳，右手轉到胸前時握拳，同時左手轉到身後繞一弧線到左腰旁（圖18－4）。

　　右手握拳後退，左手連續不停再自腰間向上從右拳上穿出，右拳收回置於左肘下。這時，須把左腳稍作調整，使其略靠近右腳，不要踩緯線（圖 18－5），即爲肘底捶式。

第19式　左倒攆猴

　　接上式右拳鬆開，手臂緩緩下垂，手心向東，左手同時略前伸，掌心向東（圖19－1）；然後腰胯右轉，右手

圖 19－1　　　　　　　　　　圖 19－2

圖 19－3　　　　　　　　　　圖 19－4

順勢往身後隨腰轉一個立式大圓弧形（圖19－2），再漸漸向上屈肘轉到右耳旁，同時右腳站穩，左腳提起慢慢往後退（圖19－3），退到右腳後半步處。腳尖向東北站穩，腰胯後坐。重心漸移到左腿上，把處於前面的右腳尖勾向正東；左手後退，右手前按，兩手手掌在胸前上下相對不接觸平搓而過，左手隨即自然下垂，手心向東，右手向東按出（圖19－4），左倒攆猴式到此完成。

【注意事項】

　　練左倒攆猴時，兩足一前一後，兩足足跟絕對不可踩在一條緯線上，也不是與兩肩等寬，只要兩腳內側都不踏緯線，而在近側就對了。

　　身體後退時，一足踏實，一足提起，然後再倒步。倒步時，先足尖著地，然後依次足掌足跟，不要急忙全腳掌著地。倒步後，前足以足跟為軸。使足尖轉向正東，足跟不準移位，踝關節放鬆，足掌虛懸。

初學這個動式時，因身體不易立穩，練習時最易犯屏氣的通病。屏氣做動作有礙於氣血流通，術語稱爲「五行缺土」。身體中正全身放鬆了，腹部就能自然呼吸，腹部達到自然呼吸了，才能做下一個動作。

下垂的手臂要像鐘擺一樣自然垂掛，充分放鬆，假定「鐘擺」下垂停頓的位置爲「0」，那麼，手臂必須垂掛到這一「0」的位置。如果手臂不充分放鬆，匆匆從「正一」直接跳到「負一」的位置，而且手心向上，那就不夠正確了。

第20式　右倒攆猴

接圖19－4式，腹部感覺呼吸自然了，就可做腰胯稍左轉，左臂順勢向後轉一個立式大弧圈(圖20－1)。漸漸向上，屈轉到左耳旁時，右腳提起往後退(圖20－2)。腰

圖 20－1

圖 20－2

圖 20 - 3

胯後坐重心移到右腿上，把處於前面的左足尖勾向正東；右手後收，左手前按，兩手手掌在胸前平搓而過，右手隨即自然下垂，左手向東按出(圖 20 - 3)。此式的動作與第19式相同，只是左右變換一下。

第21式　左倒攆猴

　　第19式左倒攆猴是接肘底捶式的，右拳是從左肘下鬆開下垂的。此式開始時，右臂已處在下垂的（圖20 - 3）位置，所以一開始時便可隨腰胯向身後輪轉，然後退左足站穩。手腳輪轉都可參閱第19式。倒攆猴做三個，能做五個更好（圖21 - 1）～（圖21 - 3）。

　　單獨練此一式，就是「倒步功」。定式時一定要有自然順暢的腹部呼吸。如果未能做到腹式呼吸就不夠規範了。

圖 21 - 1

圖 21－2　　　　　　　　　圖 21－3

第22式　斜飛式

圖 22－1

　　左倒攆猴結束，左手繼續往後圓轉而上，手心向下，在臉左側；右手按出後向左落到左肋旁。手心向上，兩手實際是按順時針方向同時慢慢回旋，轉成合手式(圖22－1)，然後目光領先向西南，右腳後退從左踝旁向西退步(外弦)，借右腳後退之慣性帶動腰胯使身體轉向西南，左腳尖同時轉向南，重心全在左腳上(圖22－2)，右腳向西南邁出一步，腳尖向西南，眼平視，伸左

腿，弓右膝，右手順勢向西南斜上方展開，手心向上；左手則向東北下按，至左胯旁，手心向下（圖22－3）。

圖22－2   圖22－3

【注意事項】

轉身時，右腳後退轉向西，要在左腳站穩情況下，才向西南邁出，不能匆忙。

體弱及年老者，右腳後退至西南方向，先以大腳趾落地，繼之腳掌、腳跟著地，然後再將身體轉向西南（內弦），轉動時左腳以腳跟為軸，轉向正南，右腳尖轉向西南。

兩手都不可伸直，肘稍低，右手不可高出頭部。

右腳不可劃外弧轉向西南（內弦），應後退帶動腰胯右轉才是正確的動作。

第23式　提　手

接斜飛式，身體重心緩緩前移，手與肘隨勢前移，位

置不變，右腳站穩，左腳提出（圖23－1），左腳在右腳後半步處放下，身體隨著緩緩後坐，重心移回到左腳，西南方的右手也隨之稍沉向下，同時左手緩緩從下按的位置轉上向腹前，手心向右，於是雙方和右腳一起向上提，身體保持中正，眼視西南，右腳提起又放下，腳跟著地，腳尖稍蹺（圖23－2），這便是提手式。

圖 23－1

圖 23－2

【注意事項】

提手與第5式相同，但第5式是從單鞭轉來的，兩手在胸前做防守的動作。而這裡的提手是從斜飛式轉來的。做這個提手式不妨想像胸前有個大花瓶，雙手捧起花瓶，再放置於桌上之意。

第24式　白鶴亮翅

提手勢以後，右手緩緩放下，劃一弧線下捋到左肘下

（圖24－1），右手提起向西南方向略進半步成為扣步，足尖向東南踏實後，全身順勢向西南角靠去（圖24－2）。眼神轉向東，兩手分開成亮翅狀（圖24－3），同時

圖 24－1

圖 24－2

圖 24－3

圖 24－4

胸脯由東南逐步轉向東，意在上接青天，左足稍收回使足
尖向東輕點地面。此時，右手指指天，手心向東，意在上
接青天，左手心向下，手指向東，意在下按木樁，全身
「坐」在右腳上，著力重點在右足跟（圖24－4）。

【注意事項】

向西南靠去是全身之勁，意念不能只想在肩部一點處。
此式起初是胸脯方向東偏南，逐步轉向東。除右足外，全
身都要放鬆。兩足在身下緯線兩近側，都不許踏線。

第25式　左摟膝拗步

接上式，站穩右腳，右手翻掌，手心向上，隨腰向東
北平削，左手略向左轉（圖25－1），然後胸脯隨腰胯右
轉，目光向右後看，右手隨腰向下劃一圓弧轉到身後，手
臂約同肩平；左手由左下方向上劃弧橫於右乳前（圖25－
2），然後目光轉向東，右手屈臂至耳旁；提起左足向東邁

圖 25－1　　　　　　　　　　圖 25－2

圖 25－3

圖 25－4

出一步，足尖向正東（圖25
－3），全身隨之左轉向
東，同時左手向左下摟至左
膝旁，手心向下（圖25－
4），右腿伸，左膝弓，身
體重心也隨左弓步前移；右
手手心向下從耳旁向東緩緩
伸出，再稍起指，掌心向東
按出（圖25－5）。

【注意事項】

左足向東邁步時，要避
免前後兩腳踩在緯線上。左

圖 25－5

足應在緯線北，右足則在緯線南，兩足跟距離相當於肩
寬。不同於白鶴亮翅在緯線近側。

在左足邁步以前胸脯是
斜向東南的。左足邁步時胸
脯漸轉向正東，同時左手摟
膝。然後右腿伸，左膝弓，
右手從耳旁向東按出，幾個
動作要協調一致。手腕略坐
腕，但不宜繃緊。

圖 26 － 1

第26式　海底針

接上式，身體前移，右
腳提起使左腳獨立（圖26－
1）。右腳在左腳後半步處
落下，身體後坐。同時，順勢把右手從偏左弧形收至胸前
成側掌（圖26－2）。再躬腰，右手隨躬腰下插；左手隨
著下按（圖26－3）。

【注意事項】

右手從前按到收回至胸前，高低沒有多大變化，但必
須從偏左的一條弧線往回收，不能直線回收。手下插時意
想小指領先，餘依次滾動向下插。目光不能隨著手滾動而
轉向地面，應保持向正東平視。

圖 26-2

圖 26-3

第27式　扇通臂

　　右腳不動，腰身逐漸直起，兩手隨腰提起，左手手指在近右腕下（圖27-1）。左腳前邁，伸右腿，弓左膝，

圖 27-1

圖 27-2

右手提至額前上方，掌心逐漸向南，左手隨著循上弦弓背的線路，向東按出（圖27－2）。以上動作都應該同步進行。

【注意事項】

左手前按時，手的位置開始應該低於肩，到位時同肩一般高（即走上弦弓背線路）。有上提前按之意。如果手按出的位置高於肩，再向下弧形前按，俗稱走下弦線，就變成「撲面掌」動作了。

第28式 翻身撇身捶

接上式，腰與右手稍向左移動，再腰胯右坐，身橫移向南，右臂屈肘向下壓捋，順勢變握拳，貼近右肋旁；左腳尖勾轉向南；左臂向右，掌心側向下，隨腰胯橫掃至西南（圖28－1）；然後至腰胯向左移，左手上撩，右手轉俯拳向東南方伸展，成左仆步（圖28－2）。左腳尖轉向

圖 28－1   圖 28－2

西南，腰胯左移右轉右腳掌隨腳跟後退到近左腳旁（圖28
－3）。

圖 28－3

圖 28－4

圖 28－5

圖 28－6

左腳踏穩，右腳向西邁出，伸左腿，弓右膝，右拳從左肋旁向上向西隨弓步仰拳擊出，左手撲護在右臂肘旁（28－4）。腰胯後坐，右拳捋收到右腰側，左手掌側立按出。然後，把右拳上提至右肩前，提時漸轉成俯拳；左手心漸轉向上（圖28－5）。左腿伸，右膝弓，右拳隨勢用伏拳前擊，同時左手翻掌稍捋回（圖28－6）。

【注意事項】

此式變化較複雜，全身上下左右都同時在活動，誠所謂「一動無有不動」，所以必須注意全身協調相隨。注意每一個環節。例如：腳尖方向的調整，兩腿虛實的變換等。此式順序是由下而上，步動、腰動，手動。手不可先動。

第29式　上步搬攔捶

接上式（圖28－6）的姿勢，身體重心往後移，左腿

圖 29－1

圖 29－2

屈膝站穩。右腳收回虛懸
著，同時雙手隨著捋回，在
身左打一個大回環，左手向
下向後弧形轉至左額旁。右
拳由前向後向下捋回，圓轉
至左乳旁（圖29－1）。

圖 29－3

　　於是，右腳向前向西邁
出足尖向西踏實，右拳向前
仰擊後右腳尖撇向西北仍仰
拳捋回至腰旁，左手向前攔
截，身稍右轉（圖29－
2）。然後左腳向西邁一
步，左手向左攔截，右腿伸，左膝弓。右拳隨身向西擊出
（圖29－3），這便是搬攔捶。

【注意事項】

　　此式要點是「上下相隨」，不能脫節。腳進手動、下
動上應，假如腳進手不動，是下動上不隨，這就違背上下
相隨的要領了。

第30式　上步攬雀尾

　　接（圖29－3）左腳尖撇向西南，上身稍左轉，兩手
成左合手（圖30－1），右腳上一步雙手隨向前成為雙手
掤式（圖30－2），然後依次為捋式，擠式、按式，均與
第3式相同。

圖 30 - 1   圖 30 - 2

第31式　單　鞭

攬雀尾的最後動作——按式是面向正西的。按出以

圖 31 - 1   圖 31 - 2

後，身體要向東南轉動，轉動的步驟是：先向左回首看，這叫眼神領先，接著右腿漸伸，左膝漸屈，腰胯隨之邊後坐（稱左靠）邊左轉，帶動右腳尖（以腳踵為支點轉動腳尖）轉向正南，兩手掌向下，隨腰胯向左平抹（圖31－1），緩緩轉到左手向東，右手在左肩前（圖31－2）。

　　眼神向西，頭向右轉，身體重心又從左腳移向右腳（稱右靠），右手隨身體平轉至偏西，左手同時向下劃一圓弧，停靠到右肩前（圖31－3）。右手成吊手，然後目光轉向東，右腳站穩，轉腰再提起左腳，稍退即向東邁出一步。兩腳內側距離同肩寬，身體重心移至兩腳中間，兩腿似騎馬勢。左手心向內屈肘在胸前（圖31－4），隨著腰胯向左轉動，把左手掌心逐漸轉向東，同時右足尖勾轉向東南（圖31－5），右腿伸，左膝弓，當左膝弓到垂直腳趾時，左手也趁勢向東按出，同時右手繼續向西平轉，使兩手臂近乎成直線。這便是單鞭式（圖31－6）。

圖 31－3

圖 31－4

圖 31－5

圖 31－6

【注意事項】

單鞭在整套拳架中有特殊地位，常常起著承上啓下的作用。動作也比較複雜，學練者須細心揣摩。在練這架式時，可以增加一點中定的時間。這個架式也可以單獨作爲站樁式來鍛鍊，正反式均可。不能機械地認爲違犯了「綿綿不斷」的原則。

練單鞭式時，應特別注意「中正安舒」，上身不要前傾。肩背不要向北傾斜。如上身向東傾斜，則內氣必停滯於左腋下心臟區；如肩背向北傾斜，則內氣必停滯於兩乳中間膻中穴區，達不到自然「開」的效果，就不能舒適自然了。

欲左靠，眼神領先左顧；欲右靠，眼神領先右盼。眼神領先向東時，左手才向東按出，勢勢做到眼神領先，才能意到氣到。

　　右手肘下如吊一根垂線，垂線端點應垂在右膝上。不可與左手成直角，成爲直角是斜單鞭了。單鞭兩手臂近乎直線，含有輕柔地擴胸並打開膻中穴之意。

　　一定要始終保持自然腹式呼吸。這樣才能符合「氣沉丹田」「氣宜鼓盪」的要求。

　　單鞭定式一定要練得正確無誤，才能進行下一式。否則，這一動作練得不正確，會產生連鎖反應，影響到練習的效果。

第32式　雲　手

　　接單鞭式腰胯右移，左腿漸伸，右膝漸屈，成右仆步，左腳尖勾向南，同時左手隨之右移朝下向右劃一圓弧，轉到右腋前（圖32－1）。然後，腰胯緩緩左移，右腿漸伸，左膝漸屈成左仆步，同時左手上提向左逆時針旋轉，而右手則向下向左順時針同時轉動（圖32－2）；左

圖 32－1　　　　　　　　　　　圖 32－2

手轉到左肩平時，右手順時針也轉到左肩前（圖32－3）。右腳橫移，收回至左腳旁，間距約同肩寬。左腳原

圖 32－3

圖 32－4

圖 32－5

圖 32－6

位不動，重心漸右移，腰胯右轉，手隨動（圖32－4）。
手輪轉如（圖32－5），右手轉到與肩平時，左腳向東橫
進（圖32－6，32－1）。同樣的動作連做3次，即左右腳
各橫移3次。兩手圓轉似車輪（右手轉至左肩前，左手
平；左手轉至右肩前，右手平）。做完3次接做單鞭式。

【注意事項】

雙手旋轉如車輪狀，是以腰胯帶動兩手左右反向似圓
輪轉動。腰部轉動的幅度可按照各人的身體素質的不同而
變的。體質好的人，左手或右手轉至與肩相平時，轉腰的
幅度可以大，手轉到正北方，以加強腰胯運動量。架子愈
低，運動量愈大。如果腰腿力量不夠，則可以稍許高一些
為佳。

按照眼神領先的原則，眼神向右，則右手漸轉向右；
眼神向左，則左手漸轉向左。

做此式時，兩膝微屈，兩腳掌應該始終保持「11」形
站立，不要站成內八字或外八字，腰以上的身體須中正。
重心都在腳踵處，步子移動時，兩腳的重心是在不斷變化
的。腳落地的時候，先落腳趾再腳掌，最後才是腳跟著
地。提腳時則相反，先提起腳跟，最後再提腳尖。

兩手轉動在360°圓周上，即方向轉動，手掌也時刻變
換著方位（不可突然翻掌）。即兩手順逆時針運轉時，手
掌落在時針3、6、9、12時的不同位置、它的方位是各
不相同的，兩手的掌心始終相對著旋動。

第33式　單　鞭

單鞭的練法見第4式，此處的單鞭是銜接於雲手式

的，連接處稍有不同。

　　雲手做到如圖32－6的位置時，左腳站穩，右腳尖勾向東南，腰胯與上身也隨之轉動，帶動右手俯掌向南轉動，右手臂平伸向正南（圖33－1）。

　　然後，目光由南向西，腰胯右轉，右手向下劃一個 U 字形，即為吊手稱「猩猩掌」再轉向西（圖33－2）。

　　右手成吊手，然後目光轉向

圖 33－1

東，右腳站穩，轉腰，先退左腳跟，再提起腳，稍退向右足跟旁，再向東邁出一步。兩腳內側距離同肩寬。身體重心移至兩腳中間，兩腿似騎馬式，左手心向內屈肘在胸前（圖33－3），隨著腰胯向左轉動，把左手掌心逐漸轉向

圖 33－2

圖 33－3

東，同時右足尖勾轉向東南（圖33－4）。右腿伸，左膝弓，當左膝弓到垂直於腳趾時，左手也趁勢向東按出，同時右手繼續向西平轉，使兩手臂近乎成直線（圖33－5）。

【注意事項】

與第4式注意事項完全相同。小腹感覺微有起伏乃是氣的鼓蕩，說明姿勢正確。如無，應等到有鼓蕩感覺了，再練下一式。

圖 33－4

圖 33－5

第 三 路

第34式　高探馬

接單鞭式，上身稍前俯，右腳隨著提起，左腳站穩；右手變掌由身後屈肘向上轉至耳旁（圖34－1）。

然後右腳在左腳後半步處落下，身後坐，左手反掌捋回，掌心向上捋至近腰旁，右手掌心下俯掌向東平刺，左腳稍收，腳尖點地（圖34－2）。

圖34－1　　　　　　　　　　　　圖34－2

【注意事項】

此式原來練法是：右腳不動，左腳直接收回，適用於青壯年練習。老年人與體質弱者不適宜，並且容易犯屏氣起僵勁。所以加以改進，但兩種動式都可以採用，可根據練習者的身體素質條件選練細心加以揣摩習練。

第35式　右分腳

接高探馬，腰胯和兩手漸轉向東南（圖35－1），左腳提起向東北邁一步，腰胯轉向東北，兩臂往下復往上弧形轉向東北做交叉十字手，右手在外，左手在裡，兩手心都向內，兩腳成左弓步，接著目光和頭部轉向東南（圖35

-2），兩手心轉向外，提起交叉十字手，兩臂分別向東南角、西北角沈肘分開（圖35 3），提起右膝（圖35-4），兩手向兩側分劈，右腳尖向東南分腳踢出（圖35-5）。

圖 35－1

圖 35－2

圖 35－3

圖 35－4

【注意事項】

分腳的時候第一個動作是沉肘，第二個動作是提起右膝，第三個動作是劈手，第四個動作是分腳踢，其順序是沉肘，提膝，劈手，分腳應略有先後。分手和分腳，不能同時進行。假如腳先到位，就不符合該式的規範要求。下面分腳、蹬腳的動作。其順序都相同。

圖 35－5

第36式　左分腳

接上式右腳分出後，小腿立即收回，同時，右手從上左胸收回，右腳掌不落地（圖36－1）。右腳向東南邁出

圖 36－1

圖 36－2

一步，兩手隨腰右轉，由下弧形轉向東南往上做交叉十字手，右手在裡，左手在外，目光轉向東北（圖36－2）。兩手心轉向外提起交叉十字手，分別向東北及西南角沉肘分開，提起左膝（圖36－3），分手劈，左腳尖向東北分腳踢出（圖36－4）。

圖 36－3

圖 36－4

【注意事項】

左右分腳是用腳尖踢，腳背稍平，與後幾式的蹬腳不同。

雙手交叉的時候，有裡外之別，準備右腳踢，右手在外；準備左腳踢，左手在外。

第37式　左轉左蹬腳

左分腳踢出後，左腳退後，順勢從右踝旁轉向西，利用其慣性帶動腰胯同轉，使胸脯朝向北，右腳尖也隨著勾

轉向西北，左腳尖虛懸或點地。然後，雙手由下轉上為交叉十字手，右手在裡，左手在外。左手向西沉肘，右手向東北沉肘，左膝上提，兩手分劈（圖37－1）。左腳向西蹬出，腳尖朝天，意在用腳跟或腳掌蹬人，與分腳是不同的（圖37－2）。

圖 37－1

圖 37－2

【注意事項】

分腳是在膝蓋提上後，動小腿將腳分出。蹬腳是在膝蓋提上後，再向下沉壓而使腳跟蹬出。

手先到位，腳隨著即蹬，應該有先有後。左腳尖點地（圖37－1），適合老年人，能穩定重心。體質好的，轉過身來腳尖虛懸，不落地即蹬出。兩種練法均可。

第38式 左摟膝拗步

接上式，左腳蹬出收回，小腿和腳虛懸，右腳獨立站

穩，於是腰胯稍左轉，右手隨勢
平肩向西削掌，掌心向上，意在
手掌邊緣（圖38－1）。腰右轉
右手下捋向後在右側轉一立圓
圈，再屈肘向上轉到右耳旁。同
時，左手平摟到右肩下，就是做
摟膝拗步的準備動作。左腳向西
邁一步，身轉向西，右腳尖趁勢
勾向西北（圖38－2）。左手摟
膝，右腿漸伸，左膝前弓，右手
隨勢向西前按（圖38－3）。

圖 38－1

【注意事項】

　　右腳獨立著，全身左轉右轉需一腳站穩。體質差者如
站不穩可以用左腳尖輕輕點地，容易平衡。

圖 38－2

圖 38－3

第39式　右摟膝拗步

接上式，身體轉向西南，左腳尖外撇向西南，左手向左後下轉一立圓，弧形向上轉至左耳旁；右手橫摟至左肩下；然後右腳向西邁一步，身轉向西。同時，右手下摟至膝旁，左手隨弓步西進向西前按（圖39）。

圖 39

【注意事項】

接摟膝拗步的方法與第7式、第10式相同，但方向相反，前者朝東，此處朝西，所以這裡的說明較簡略。

第40式　左摟膝栽捶

接上式，右腳尖外撇向西北，上身稍右轉，左手平抹至右肩旁，左腳提起向西邁進一步，同時，右手從右膝旁稍後收至腰帶旁握拳，然後上身左轉，左手從右肩旁向下向左摟膝；同時伸右腿，弓左膝向西移，再隨身體前移之勢右拳從腰際向西向下栽擊（圖40）。

圖 40

【注意事項】

右拳要斜向下栽，不可垂直下擊，因爲垂直下擊身體容易向右傾斜而自立不穩。栽捶定式時，須注意頭、背、右腿直至右腳跟形成一條和順的斜直線。

第41式　翻身白蛇吐信

接上式，左腿漸伸，上身由斜變直右轉向北，左腳尖也隨之轉向北；同時左手上提至左額旁，手掌向外，右拳變掌，掌心向下，平貼於左肋旁成左仆步（圖41－1）；身體向北左仆步站時，右腳跟被拖動，但右腳掌不離地，腳尖自然轉向東北。於是，站穩左腳，提起右腳反身向東邁一步，在伸左腿、弓右膝的同時，右掌從左肋旁朝上向東劃半個大立圓，俯掌變爲仰掌向東擊出，左手向下護於右肘內側（圖41－2）。

圖 41－1

圖 41－2

第42式　上步搬攔捶

腰稍右轉，右手捋回靠近腰際，左手向東撲出，右腳尖外撇向東南（圖42－1）。此式如撇身捶，前者用捶，這裡用掌。重心落坐在右腿上，腰仍在右轉，上左步，伸右腿，弓左膝，身體左轉，左手向前向左攔截，右手握拳同時向東出擊（圖42－2）。

圖 42-1　　　　　　　　　　　圖 42-2

第43式　右蹬脚

接上式，身左轉，左腳尖撇向東北，胸脯也隨轉向東北，兩手左右交叉成斜十字(圖 43-1)，右手在外，左手在裡。站穩左腳，交叉十字手向上左右沉肘分開，提膝，劈手一束一偏西。然後提起右腳向東蹬出(圖 43-2)。

【注意事項】

這裡要注意順序。交叉十字手，上提後沉肘、提膝、

劈手、蹬腳均同分腳，不要搞錯。

圖 43－1

圖 43－2

第44式　左披身伏虎

圖 44－1

圖 44－2

接上式，右腳蹬出後即下落於左腳旁，左手向上向右轉一半圓下落於胸前（圖44－1），左腳向西橫跨一步（圖44－2），然後眼神轉向西南，腰胯左移，成左仆步、腰胯接著左轉、雙手隨腰胯左轉的慣性，同時向下向左移動，左手轉到左腰後，右手轉到左肋旁（圖44－3）。接著腰胯再右轉，面向正北，左手握拳隨勢揮臂，從下向上向東劃弧圈橫擊至額上方，拳心向外。右手握拳轉到胸前，拳心向內，上下兩虎口相對成左仆步（圖44－4）。此式即爲左披身伏虎。

圖44－3

圖44－4

第45式　右披身伏虎

左拳從額上的位置向西向下轉動，拳心隨著逐漸向上轉；右拳向後退，這時，兩手形似拔河抓住繩索的動作。同時伸左腿、屈右膝，身體右移成右仆步，左手拳心轉向朝上，位在小腹前，右手拳心向下退至右腰前（圖45－1）。

圖 45－1

圖 45－2

圖 45－3

圖 45－4

　　然後，伸右腿，弓左膝，身體又左移。兩手向西北送，左拳心又滾轉向下，隨送隨轉腕，此時左手應低於右手（註：照片的手高低位置錯了，但便於看清）。右手拳心向左，位在左胯旁（圖45－2）。

提起右腳，再從（圖45－
2）原來的位置向東南後退，先
大腳趾著地，再腳掌，再後跟著
地（圖45－3），以腳跟爲軸心
帶動腳尖撇向東，伸左腿，弓右
膝，腰胯隨著腳轉而轉向南；右
手同時鬆拳趁勢轉到右腰後面，
左手轉到右肋旁（圖45－4）。

圖 45－5

　　然後，眼神向東，胸脯邊轉
向左，右手握拳隨腰胯轉動之勢
從下向上揮臂弧形向北橫擊至額
上方，拳心向外，左手握拳轉到
胸前，拳心向內，上下兩拳虎口相對（圖45－5）。

　　【注意事項】

　　兩手轉到腰後的時候，手像「撥浪鼓」的小球一般，
手臂似「撥浪鼓」的兩根繩索一樣放鬆自然，毫不屏力。
拳是隨腰胯轉動而甩上去的。胸脯一定要轉向正東，不能
錯誤地轉向東南。

第46式　回身右蹬腳

　　接上式，左腳尖轉向北，帶動身體移向北，同時左拳
從胸口前上提，提到前額上方時，右拳也隨之轉到北，兩
拳相對（圖46－1）。

　　再鬆拳向左右分開，各轉一大立圓圈至胸前交叉成斜
十字，然後分肘，收回右腳（圖46－2）。然後雙手向東
西沉肘提膝分劈，右腳向東蹬出（圖46－3）。

圖 46 － 1　　　　　　圖 46 － 2　　　　　　圖 46 － 3

第47式　雙峰貫耳

圖 47 － 1　　　　　　　　圖 47 － 2

右腳蹬出後立即收回，但不落地，大腿上面持平，小腿懸垂，兩手翻掌下落置於右膝關節上，小魚際相對掌心向上，小指相觸，方向朝東北（圖47－1）。

眼神向東南，右膝蓋右轉帶動全身轉向東南，支撐全身重量之左腳以腳跟爲軸心，腳尖隨身勾轉向東（圖47－2）。於是右腿向東南邁出，雙手向左右往後退回到身後（圖47－3）。伸左腿、弓右膝，雙手握拳向前劃兩個半圓形向上夾擊，虎口朝下，拳面相對，拳心向外（圖47－4）。

圖 47－3

圖 47－4

【注意事項】

從東北轉向東南，動力起始於右膝向右轉，帶動身體同轉。轉時，左腳跟爲軸，左腳掌是在轉到位的時候起著制動作用的。

第48式　左蹬脚

接上式，腰胯右轉帶動右腳尖撇轉向南，雙手坐肘向東西分開，順勢劃弧在下腹前交叉而上成斜十字(圖48－1)。右腳站穩，然後提起交叉十字手向東西方沉肘、提膝、分劈、左腳向東蹬出(圖48－2)。

圖 48－1　　　　　　　　　　圖 48－2

第49式　右轉身右蹬脚

接上式，雙手向右平轉帶動全身右轉。手動，肩動，腰動，腿動，腳動。這是從手開始自上而下的動。轉身時，以右腳前掌為軸心。轉至胸部向北，左腳落於右腳左後側，雙手往下往前向下仍交叉成斜十字，重心移到左腳(圖49－1)，然後沉肘，提膝、分劈，右腳向東蹬出(圖49－2)。

【注意事項】

蹬左腳時，交叉手是左手在外，蹬右腳時交叉手是右手在外。所以此式是右手在外的。

圖 49-1

圖 49-2

第50式　進步搬攔捶

圖 50-1

圖 50-2

　　右腳蹬後，右手右腳向下往左回收，右手收至胸口，又向上轉動變仰拳向東擊出，右腳隨勢收回後，即向東邁出一步腳尖撇向東南，左手前按，右拳收回至腰際（圖50－1），提起左腳向東邁步。伸右腿，弓左膝，左手按攔，右拳擊出（圖50－2）。詳見第13式第2段起說明文。

第51式　如封似閉

　　上式右拳擊出後，腰胯向左轉，兩肩隨腰同轉，右拳繼續向前進擊，此時左手心向上隨勢偏向右臂外，並護於右腋下（圖51－1），胯腰同身體後坐，稍微右轉。右手鬆拳右臂向後抽回，左手順勢從右臂外側抹出；然後雙手退回到腹前，兩手掌心向上（圖51－2），然後再翻掌，左手手指向左，右手手指向右，向兩邊左右分開，各轉一圓，轉到掌心向下（圖51－3），伸右腿，弓左膝，身體前移，在左膝蓋垂直於左足尖時，雙手隨勢向前按出（圖51－4）。

圖 51－1

圖 51－2

圖 51－3　　　　　　　　圖 51－4

【注意事項】

練習如封如閉時，腰轉肩也須同轉，自然右肩微偏東，左肩微偏西(圖 51－1)。後坐時，身體要隨勢轉正，右臂退回，左手順著右臂外側抹出。翻掌前按，同攬雀尾中的按相似，只是方向有東西不同。

第52式　十字手

從上式，右足尖撇轉向南，帶動全身也隨之轉向偏南，左足尖也隨著勾轉偏向南，兩腳成騎馬勢。同時，手臂在脊背帶動下同向上舉，手心向外，兩臂自肩部到指尖逐變成一個和順的弧形，合成一個圓圈(圖 52－1)。然後腰胯緩緩下坐，肘隨之下沈

圖 52－1

，帶動兩手向兩側稍分，上身遂呈「山」字形(圖52－2)。再下坐，兩臂隨沉肘轉向下，於是上半身又呈「巾」字形(圖52－3)。左足尖內勾一點，指向正南，身體重心

圖52－2

圖52－3

圖52－4

圖52－5

左移成左仆步，全身重量落在左腳上，兩手交合於腹前，手心向內（圖 52－4）。

右足尖虛點地，左腿緩緩起立上升，右足離地，兩手也隨之上升到胸前。立起後右足收於左足旁，兩足站立的間距仍同肩寬（圖52－5）。

【注意事項】

從下坐的姿勢起立時，主要只靠左足的力量，右足需懸，但身體虛弱者練此式時，可先把右腳收回到左足旁，距離同肩寬，同時兩足著力緩緩站起來。

第 四 路

第53式　抱虎歸山

接上式，腰胯逐漸下坐，左足尖由南勾向西南。同時兩手掌翻轉向下，腰開始向右轉，重心移向左（圖53－1）。

兩手以肘帶動向後邊肘邊分開，手心向下，右足側身提向西北虛懸（圖53－2）（重心仍在左足），右足向西北方跨出，同時右手向西北平刺，左手向東南抄去。

圖 53－1

此時，胸部面向西南，而目光平視西北（圖53－3）。腰胯繼續右轉，左手順勢向上弧形轉，經耳旁隨腰向西北撲出（這是左撲面掌），身體重心在兩腿中間。右手同時翻轉向上，順著腰部轉動之勢收至腰旁（圖 53－4），右手

漸上提並翻掌到右肩前使手心向外，隨著右膝前弓，身體前移順勢向西北撲出，左手心翻轉向上。稍向後将，這便是右撲面掌，抱虎歸山式全部完成（圖53－5）。

圖 53－2

圖 53－3

圖 53－4

圖 53－5

【注意事項】

此式的各勢動作都是圍繞著腰胯的活動來進行的。第一個左撲面掌是隨著轉腰的動作撲出去的，同時右手也隨之收回。第二個右撲面掌是隨著腰胯的前移、右膝弓出的動作撲出去的。所以其根在足，身動掌隨，練起來才合乎規範。雙手輪換撲出，稱連環撲面掌，可單獨學練。左右方向都可，但不要練成右摟膝拗步。

第54式　斜攬雀尾

上式右撲面掌撲出後，即成捋式的開始。接著就做攬雀尾中「捋」的動作，跟著是擠式、按式。與第3式不同之處在於所站位置的方向。第3式攬雀尾面向正西，左右腳分別站在緯線的南北。而本式的方向是面向西北，兩腳應該站在對角線的兩側。

參看圖54－1～圖54－8。

圖 54－1

圖 54－2

圖 54－3

圖 54－4

圖 54－5

圖 54－6

圖 54 － 7

圖 54 － 8

第55式　斜單鞭

　　斜攬雀尾的按式做完之後，目光領先向東南，頭隨目

圖 55 － 1

圖 55 － 2

光左移轉，右腿漸伸，左腿後坐，兩手手心向下，隨之向左平肩轉動（稱左靠），右足尖勾向西南，左腿坐穩（圖55－1），然後目光領先向西北右移，在移動過程中，漸伸左腿，使身體坐在右腳上（稱右靠），右手隨腰平肩轉到西北，左手趁右轉之勢向下劃一個半圓弧，收到右肩前（圖55－2），目光由西北轉向東南，左足提起轉腰，然後向東

圖 55 － 3

南跨出，足尖向正南（圖55－3）。腳的位置見圖55－4。

【注意事項】

斜單鞭兩腳所站的位置和單鞭不同。它左右兩腳所站的位置，乃是一個正方形對角線的兩端，左腳在東南角，右腳在西北角。參見圖55－4。

兩肩寬

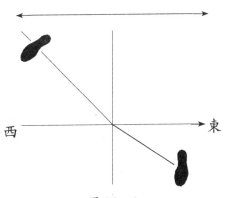

圖 55 － 4

左手的下垂線中心，不可超出左腳外側，應在左腳內側。

第56式　右野馬分鬃

接上式，右腿稍屈，腰胯稍向右移，使左腳尖勾轉向西南，腰胯又向左移，右勾手變掌向左平刺，左手向右平抹，成為左手俯掌在上、右手在下的合手式。身體重心坐在左腿，目光向西北（圖56－1），站穩左腳，提起右腿，向西北邁步成弓步，右手隨右腳弓步向西北托送，手掌向上，同時左手心向下東南按捋（圖56－2）。

圖 56－1

圖 56－2

第57式　左野馬分鬃

兩手分出後，腰繼續右轉，右手臂也隨之向右轉動，手掌漸轉向下，左手則向右腰側平刺，雙手成合手式（圖

57－1），然後右腳站穩，提起左腳向西南邁進一步，右腿伸，左膝弓，左手隨弓步向西南托送。右手心向下向東北按拶（圖57－2）。

圖 57－1　　　　　　　　　圖 57－2

【注意事項】

　　左腳提起向西南邁出的路線不能直線地自東向西；也不可收回至右腳旁，再直線向西面，形成銳角線。正確的路線是：猶如地上有一張弓，弓近身，弦在外側稱爲外弦，野馬分鬃。腳行走是依弓背的路線進行的（稱走外弦）。左右野馬分鬃的步法都要這樣。

第58式　右野馬分鬃

　　接上式。腰胯繼續左轉，左手心漸反轉向下，右手隨之向左腰側平刺，掌心漸向上，兩手又成合手式（圖58－1）。

　　腰胯左轉時，右腳跟自然被拉起，隨即提起右腳弧線

向西北邁步，身隨步移，右手隨弓步向西北托送，左手心向下朝東南按捋（圖58－2）。

圖 58－1　　　　　　　　圖 58－2

【注意事項】

野馬分鬃的步子和摟膝拗步的步子是不同的。如果說摟膝拗步時兩腳所站的位置是一個長方形的對角線之兩端，那麼，野馬分鬃時兩腳的位置乃是一個正方形的對角線之兩端。另外拗步前腳落地，腳內側與緯線平行；然後再做外撇的動作。野馬分鬃前腳落地時就成斜角線，腳掌無外撇的動作。

第59式　進步攬雀尾

與第 3 式攬雀尾基本相同，差異之處在「進步」時的動式。所謂「進步」是從右野馬分鬃過渡到「雙手掤」時的動式：即身稍右轉，兩手同轉（圖59－1），左手轉到

腹前時，提左腳向西邁半步，接著腰向左轉，身體重心從
右腳移向左腳，左手隨之由下向上轉動，左腳成弓步時，
左手平舉成單手掤捋、右手在前稍向下（圖59－2），但

圖 59－1

圖 59－2

圖 59－3

圖 59－4

方向爲西南。身仍左轉，隨之轉成左合手式（圖59－
3），接著是做上步雙手掤（圖59－4），然後捋，擠，按
都同第3式。

第60式　單　鞭

　　攬雀尾的最後動作——按式是面向正西的。按出以
後，身體要向東南轉動，轉動的步驟是：先向左回首看，
這叫眼神領先，接著右腿漸伸，左膝漸屈，腰胯隨之邊後
坐（稱左靠）邊左轉，帶動右腳尖（以腳踵爲支點轉動腳
尖）轉向正南，兩手掌向下，隨腰胯向左平抹（圖60－
1），緩緩轉到左手向東，右手在左肩前（圖60－2）。

　　眼神向西，頭向右轉，身體重心又從左腳移向右腳
（稱右靠），右手隨身體平轉至偏西，左手同時向下劃一
圓弧，停靠到右肩前（圖60－3）。右手成吊手，然後目

圖 60－1

圖 60－2

光轉向東，右腳站穩，轉腰再提起左腳，稍退即向東邁出
一步，兩腳內側距離同肩寬，身體重心移至兩腳中間，兩
腿似騎馬式，左手心向內屈肘在胸前（圖60－4），隨著

圖 60－3

圖 60－4

圖 60－5

圖 60－6

腰胯向左轉動，把左手掌心逐漸轉向東，同時右足尖勾轉向東南（圖60－5），右腿伸，左膝弓，當左畸膝弓到垂直於腳趾時，左手也趁勢向東按出，同時右手繼續向西平轉，使兩手臂近乎成直線。這便是單鞭式（圖60－6）。

【注意事項】

單鞭在整套拳架中有特殊地位，常常起著承上啓下的作用。動作也比較複雜，學練者須細心揣摩。在練這架式時，可以增加一點中定的時間。這個架式也可以單獨作爲站樁式來鍛鍊，正反式均可。不能機械地認爲違犯了「綿綿不斷」的原則。

練單鞭式時，應特別注意「中正安舒」，上身不要前傾。肩背不要向北傾斜。如上身向東傾斜，則內氣必停滯於左腋下心臟區；如肩背向北傾，則內氣必停滯於兩乳中間膻中穴區，達不到自然「開」的效果，就不能舒適自然了。

欲左靠，眼神領先左顧；欲右靠，眼神領先右盼。眼神領先向東時，左手才向東按出，勢勢做到眼神領先，才能意到氣到。

右手肘下如吊一根垂線，線應垂在右膝上，不可與左手成直角，成爲直角是斜單鞭了。單鞭兩手臂近乎直線，含有輕柔地擴胸並打開膻中穴之意。

一定要始終保持自然腹式呼吸。這樣才能符合「氣沉丹田」「氣宜鼓蕩」的要求。

單鞭定式一定要練得正確無誤，才能進行下一式。否則，這一動作練得不正確，會產生連鎖反應，影響到習練的效果。

第61式 四角穿梭

1.向西南方向的穿梭：

接上式，右膝稍屈，腰胯稍右移，左手下捋，手掌斜向上，向右下走弧形至小腹前，左腳尖同時勾轉向南，腰

圖 61 - 1 - 1

圖 61 - 2 - 2

圖 61 - 1 - 3

圖 61 - 1 - 4

圖 61－1－5

胯左移，右手向左橫削（圖61－1－1），腰胯右轉使胸脯向西，順勢收起右腳，轉腳尖向西。右手變俯掌腳落地，手向右橫削，然後兩手成合手，右手上，左手下（圖61－1－2），然後，左腳向西南方邁一步（不要弓膝。四式都如此），身軀稍向前傾，目光平視西南方（圖61－1－3）。於是腰背開始直起，左手心向內，中指引領手掌上升，手指尖向天，隨著身軀直起緩緩上升（圖61－1－4），在左手超過頭部時，手腕軸轉，使掌心向外於額前，同時，伸右腿，弓左膝身體前移，右掌在胸正中趁勢向西南按去（圖61－1－5）。以上是四角穿梭的第一個動作，定式時面向西南角。

2.向東南方向的穿梭：

接上式，腰胯後坐，雙手後捋，左腳尖勾轉向北（圖61－2－1），身稍左移，身體重心移向左腿，右手隨機向左斜刺，掌心向上成左合手（圖61－2－2），左腳站穩後以腳跟為軸，提起右腳向右轉，帶動身體同轉，使胸脯轉向東南，左腳尖也同時隨著轉向東，右腳向東南邁一步，上身稍向前傾，目光平視南方（圖61－2－3），於是腰背開始起直，右手心向內，中指引領手掌上升，手指向天，隨著腰背直起，緩緩上升（圖61－2－4），當右手超過頭部時，手腕軸轉，使手掌向外置於額前，同時，左腳伸，

圖 61－2－1　　　　　　　　　圖 61－2－2

圖 61－2－3　　　　圖 61－2－4　　　　圖 61－2－5

右膝弓，身體前移，左掌趁勢向東南按出（圖61－2－
5）。這是四角穿梭第二個動作，面向東南角。

　　3.向東北方的穿梭：

圖 61－3－1

圖 61－3－2

圖 61－3－3

圖 61－3－4

圖 61－3－5

　　接上式，左腳尖外撇向東北，身體後坐帶動腰左轉，雙手順勢向左捋（圖61－3－1），提起右腳向東邁半步。腳尖向東，稍偏南。腰略右轉，身體前移，帶動兩手成左

手在下，右手在上的合手式。重心移到右腳，身向東稍傾斜蓄勢（圖61-3-2），右腳站穩，提起左腳向東北邁一步，上身稍向前傾，目光平視東北方（圖61-3-3），於是腰背開始直起，左手心向內，中指朝天，隨腰背挺直而緩緩上升（圖61-3-4），在左手超過頭部時，手腕漸軸轉，使手掌心向外，同時，伸右腿，屈左膝，身體前移，右掌趁勢向東北按出（圖61-3-5）。這是四角穿梭第三個動作。

4.向西北方向的穿梭：

接上式，腰胯後坐，雙手順勢向右後捋回，左腳尖勾轉向南（圖61-4-1）。

身體重心移向左腳，右手掌心向上隨機向左斜刺，成左合手式（圖61-4-2）。

於是左腳站穩，以左腳跟為軸，提起右腳向右轉帶動身體同轉，使胸脯向西北，左腳尖也隨著轉向正西，右腳

圖61-4-1

圖61-4-2

向西北邁一步，上身稍向前傾（圖61－4－3），腰再漸漸直起，中指引領右手緩緩上升（圖61－4－4）。

圖 61－4－3　　　　圖 61－4－4　　　　圖 61－4－5

右手超過頭部時，軸轉手腕翻掌向外，伸左腿，弓右膝，身體前移。左掌趁勢向西北按出（圖61－4－5）。

【注意事項】

四角穿梭的四勢動作中，都有挺腰和中指朝天上升的動作，意念要落在中指上，心裡想的是中指向上升。按傳統的說法，此式有益於心臟。

提手上升時，目光平視前方，不要跟著手指看天。

第62式　進步攬雀尾

接前式，腰胯右轉，右腳尖仍向西北方向，兩手隨腰同轉，右手順勢轉向右肩前，左手向下、向右劃弧轉成右手勢（圖62－1），提左足向西邁半步，重心從右足漸移

向左足，腰左轉，左手隨之由下向上轉動，左腳成弓步時，左手平舉成單手掤（圖62－2），方向為西南，身繼續左轉，手隨之轉成左合手式，右腳上步（圖62－3）。

圖 62－1

圖 62－2

圖 62－3

圖 62－4

接著雙手掤，然後捋、擠、按方法和攬雀尾相同，見（圖
62－4～62－12）。

圖 62－5

圖 62－6

圖 62－7

圖 62－8

圖 62－9

圖 62－10

圖 62－11

圖 62－12

【注意事項】

捋、按時，應自己檢查呼吸是否順暢自然，如覺不

暢，必是屏氣所致，要立即放鬆。動作要做得柔和，用意不用力，全身放鬆，腹部呼吸自然了，才能做向前按的動作。

前按時，目光可尋找一個在前方的目標（一棵樹、一堵牆等等），心裡要有意念活動，我要把它按到極遠處去。但這僅僅是意，動作仍須做得極輕靈，極柔軟。初練太極拳，不要有「綿裡藏針」「柔中寓剛」「剛柔相濟」的想法，即不要用拙力。整套拳架和推手都是這個道理，否則動作必然僵硬。

實際是把人推出去，爲什麼寫「按」出去？因爲「推」字較單純，「按」字是多變的。如中醫按脈中的「按」。

兩手按出時，手指尖會微微發麻，手掌心有熱感，這是毛細血管暢通的跡象。傳統的說法稱「得氣感」。所以習練時一定要刻刻注意「中正安舒」，全身鬆柔，渾圓流利，心平氣和，順乎自然。當然，這種境界是需要經過細心揣摩才能逐步達到的。

攬雀尾的 6 個分支動作（及至全套拳架），旣要勢勢分明，又是緊密銜接的。習練時旣要勢勢到位，又要綿綿不斷，連貫地進行。

第63式　單　鞭

攬雀尾的最後動作——按式是面向正西的。按出以後，身體要向西南轉動，轉動的步驟是：先向左回首看，這叫眼神領先，接著右腿漸伸，左膝漸屈，腰胯隨之邊後坐（稱左靠）邊左轉，右腳尖內勾轉向正南，兩手掌向

下，隨腰胯向左平抹（圖63－1），緩緩轉到左手向東，
右手在左肩前（圖63－2）。

　　眼神向西，頭向右轉，身體重心又從左腳移向右腳（

圖 63－1

圖 63－2

圖 63－3

圖 63－4

稱右靠），右手隨身體平轉至偏西，左手同時向下劃一圓弧，停靠到右肩前(圖63－3)。右手成吊手，然後目光轉向東，右腳站穩，轉腰先退左腳跟再提起左腳，稍退向右踝旁再向東邁出一步。兩腳內側距離同肩寬。身體重心移至兩腳中間，兩腿似騎馬式，左手心向內屈肘在胸前(圖63－4)，隨著腰胯向左轉動，把左手掌心逐漸轉向東，同時右足尖勾轉向東南（圖63－5），右腿伸，左膝弓，當左膝弓到垂直於腳趾時，左手趁勢向東按出，同時右手繼續向西平轉，使兩手臂近乎成直線。這便是單鞭式(圖63－6)。

圖 63－5　　　　　　　　　　　圖 63－6

【注意事項】

單鞭在整套拳架中有特殊地位，起著承上啓下的作用。動作也比較複雜，學練者須細心揣摩。在練這架式時，可以增加一點中定的時間。這個架式也可以單獨作爲站樁式來鍛鍊，正反式均可。不能機械地認爲違犯了「綿

綿不斷」的原則。

練單鞭式時，應特別注意「中正安舒」，上身不要前傾，肩背不要向北傾斜。如上身向東傾斜，則內氣必停滯於左腋下心臟區；如肩背向北傾，則內氣必停滯於兩乳中間膻中穴區，達不到自然「開」的效果，就不能舒適自然了。

欲左靠，眼神領先左顧；欲右靠，眼神領先右盼。眼神領先向東時，左手才向東按出。全套太極拳勢勢做到眼神領先，才有利於意到氣到。

右手肘下如吊一根垂線，線端應垂在右膝上。不可與左手成直角，成為直角是斜單鞭了。單鞭兩手臂近乎成直線，含有輕柔地擴胸並打開膻中穴之意。

一定要始終保持自然腹式呼吸。這樣才能符合「氣沉丹田」「氣宜鼓盪」的要求。

單鞭定式一定要練得正確無誤，才能進行下一式。否則，這一動作練得不正確，會產生連鎖反應，影響到習練的效果。

第64式　雲　手

接單鞭式腰胯右移，左腿漸伸，右腿漸屈，成右仆步，左腳尖勾向南，同時左手隨之右移朝下向右劃一圓弧，轉到右腋前（圖64－1），然後，腰胯緩緩左移，右腿漸伸，左膝漸屈成左仆步，同時左手上提向左逆時針旋轉，而右手則向下向左順時針同時轉動（圖64－2）。左手轉到左肩平時，右手順時針也轉到了左肩前（圖64－3）。右腳橫移，收至左腳旁，間距約同肩寬，腳原位不

動，重心漸右移，腰胯右轉，手隨動（圖64－4）。如圖
（64－5），右手轉到同肩平時左腳向東橫進（圖64－6～
64－1）。同樣的動作連做3次，即左右腳各橫移3次。

圖 64－1

圖 64－2

圖 64－3

圖 64－4

圖 64－5　　　　　　　　圖 64－6

兩手圓轉似車輪（右手轉至左肩前，左手平；左手轉至右肩前，右手平）。做完３次接做單鞭式。

【注意事項】

雙手旋轉如車輪狀，是以腰胯帶動兩手左右反向似圓輪轉動。腰部轉動的幅度可按照各人的身體素質的不同而變。體質好的人，左手或右手轉至與肩相平時，轉腰的幅度可以大些，手轉到正北方，以加強腰胯運動量。架子愈低，運動量愈大。如果腰腿力量不夠，還是稍許高一些爲佳。

按照眼神領先的原則，眼神向右，則右手漸轉向右；眼神向左，則左手漸轉向左。

做此式時，兩膝微屈，兩腳掌應該始終保持「11」形站立，不要站成內八字或外八字，身體腰以上部分必須中正。重心都在腳踵處，步子移動時，兩腳的重心是在不斷變化的。腳落地的時候，先落腳趾再腳掌，最後才是腳跟

著地。提腳時則相反，先提起腳跟，最後提腳尖。

　　兩手轉動在360°圓周上，反方向轉動，手掌也不斷變換方位（不可突然翻掌）。即兩手順逆時針反方運轉時，手掌分別落在時針3、6、9、12時的位置，它的方位是各不相同的，而兩手的掌心始終相對著旋動。

第65式　單　鞭

　　雲手如圖64－6的位置，左腳立穩，右腳尖勾向東南，腰胯與上身也隨之轉動，帶動右手俯掌向東南轉動，右手臂平伸向正南（圖65－1）。然後，目光由南向西，腰胯右轉，右手向下劃一個 U 字形，呈吊手，又稱「猩猩掌」，再轉向西（圖65－2），然後目光轉向東，右腳站穩，轉腰再提起左腳，稍退即向東邁出一步。兩腳內側距離同肩寬。身體重心移至兩腳

圖 65－1

中間，兩腿似騎馬式，左手心向內屈肘在胸前（圖65－3），隨著腰胯向左轉動，把左手掌心逐漸轉向東，同時右足尖勾轉向東南（圖65－4），右腿伸，左膝弓，當左膝弓到垂直於腳趾時，左手也趁勢向東按出，同時右手繼續向西平轉，使兩手臂近乎成直線。動作與第4式單鞭式相同（圖65－5）。

圖 65－2

圖 65－3

圖 65－4

圖 65－5

【注意事項】

　　單鞭在整套拳架中有特殊地位，常常起著承上啓下的作用。動作也比較複雜，學練者須細心揣摩。在練這架式

時，可以增加一點中定的時間。這個架式也可以單獨作爲站樁式來鍛鍊，正反式均可。不能機械地認爲違犯了「綿綿不斷」的原則。

練單鞭式時，應特別注意「中正安舒」，上身不要前傾，肩背不要向北傾斜。如上身向東傾斜，則內氣必停滯於左腋下心臟區；如肩背向北傾，則內氣必停滯於兩乳中間膻中穴區，達不到自然「開」的效果，就不能舒適自然了。

欲左靠，眼神領先左顧；欲右靠，眼神領先右盼。眼神領先向東時，左手才向東按出。太極拳要勢勢做到眼神領先，才能有利於意到氣到。

右手肘下如吊一根垂線，線端應垂在右膝彎處點上。不可與左手成直角，成爲直角是斜單鞭了。單鞭兩手臂近乎成直線，含有輕柔地擴胸並打開膻中穴之意。

一定要始終保持自然腹式呼吸。這樣才能符合「氣沉丹田」「氣宜鼓蕩」的要求。

單鞭定式一定要練得正確無誤，才能進行下一式。否則，這一動作練得不正確，會產生連鎖反應，影響到習練的效果。

第 五 路

第66式　左下勢

接單鞭式，右腳尖撇向西南，腰胯向右平移帶動左腳尖勾向南，左手隨之向上向右圓轉，劃一個大半立圓漸劃到右腋前（圖66－1）。

　　身體漸下坐，左腳尖撇向東，左手繼續向下向東劃弧身軀前移帶動右腳尖內勾，左手掌要隨勢翻轉，在胸前時掌心向內，至左膝旁時掌心朝西南，再「 游 」近左踝旁時掌心向南（圖66－2）。

圖 66－1　　　　　　　　　　　圖 66－2

【注意事項】

　　下勢的拳架，上身向南時稍作傾斜；上身向東撲時，姿勢要力求低些，右大腿最高的位置稱為胯根，下勢時胯根不可低於膝蓋，即大腿要保持水平位。如臀部接觸到右腳後跟，或臀部超出右腳踝外側，或大腿上面近胯根處低於膝蓋，均為不正確姿勢。身體從下勢到金雞獨立的動作，要做得輕鬆自然，給人一種「 游動 」的感覺，像蛇從洞中游出去一般。

第67式　左金雞獨立

　　接上式，左腳尖撇向東北，左手帶動身體向上向前

「游」進，右吊手翻向上，右腿伸，左膝弓（圖67－1），左腿站穩，右膝向東提上，小腿懸垂，右臂同時從身後經胯旁提到身前，屈肘，肘尖置於右膝上端，吊手變掌。掌心向左。左手同時下按，垂於身體左側，手心斜向下、手指向東（圖67－2）。

圖 67－1　　　　　　　　　圖 67－2

第68式　右下勢

接上式，以左腳跟爲軸心，使右膝帶動身體向左同轉，腳尖轉向北。兩手隨勢同轉，左手變爲吊手，右手在左肩前，掌心向左（圖68－1），身下坐，向東橫伸右腳成仆步，右手劃弧向下向東游，動作說明同66式，但方向相反（圖68－2）。

圖 68－1

圖 68－2

第69式　右金雞獨立

同第67式，但左右方向相反（圖69－1）（圖69－2）。

圖 69－1

圖 69－2

【注意事項】

金雞獨立式面都向正東，左式胸脯向東偏北（第一個動作），右式向東偏南（第二個動作）。但是手掌、上提的膝與腳尖一定要向正東正中，不可偏向兩側，這稱為「護中不露」。

第70式　左倒攆猴

接上式，左腳落下成虛步，左手手心向東，同時略前伸，稍沈肘；右手臂下垂，手心轉向東（圖70－1），然後腰胯右轉，右手順勢往身後隨腰轉一個立式大圓弧形，左掌稍轉（圖70－2），漸漸向上屈肘轉到右耳旁，同時右腳站穩，左腳提起慢慢往後退（圖70－3），退到右腳後半步處，腳尖向東北站穩，腰胯後坐。重心漸移到左腿上，順勢把處於前面的右腳尖勾向正東；左手後退，右手前按，兩手手掌在胸前上下相對不接觸平搓而過，左手隨

圖70－1

圖70－2

圖 70 - 3

圖 70 - 4

即自然下垂，手心向東，右手向東按出（圖70－4），左
倒攆猴式到此完成。

【注意事項】

練左倒攆猴時，兩足一前一後，兩足足跟都不可踩在
緯線上，也不是與兩肩等寬，只要兩腳內側踏在緯線兩邊
的近側就對了。

身體後退時，一足踏實，一足提起，然後再倒步。倒
步時，先足尖著地，然後依次足掌足跟，不要急忙全腳掌
著地。倒步後，前足以足跟為軸，使足尖轉向正東，足跟
不可移位，踝關節放鬆，足掌虛懸。

全身要放鬆，不可屏氣。初學這個動式時，因身體不
易立穩，易犯屏氣的通病。屏氣做動作有礙於氣血流通，
術語稱為「五行缺土」。身體中正全身放鬆了，則腹部就
能自然呼吸，腹部達到自然呼吸了，才能繼續做下一個動
作。

下垂的手臂要像鐘擺一樣自然垂掛，充分放鬆，假定「鐘擺」下垂停頓的位置是「零」，那麼，手臂必須垂掛到這一「零」的位置。如果手臂不充分放鬆，匆匆從「正一」直接跳到「負一」的位置，而且手心向上，那就不夠正確了。

第71式　右倒攆猴

接圖70－4式，腹部感覺呼吸自然了，就可做腰胯稍左轉，左臂順勢向後轉一個立式大弧圈（圖71－1），漸漸向上屈轉到左耳旁時，右腳提起往後退（圖71－2）。踏實後，重心移到右腿上，把處於前面的左足尖勾向正東，右手後退，左手前按，兩手手掌在胸前平搓而過，右手隨即自然下垂，左手向東按出（圖71－3）。此式的動作與第70式相同，只是左右有所變換。

圖71－1　　　　　　圖71－2　　　　　　圖71－3

第72式　左倒攆猴

此式開始時，右臂已處在下垂的位置（圖71－3），所以一開始便可隨腰胯向身後輪轉，然後退左足站穩。手腳輪轉都可參閱第19式（圖72－1～圖72－3）。倒攆猴做3個，能做5個更好。

單獨練此一式，就是「倒步功」。定式時一定要有自然順暢的腹部呼吸，如果未能做到腹式呼吸就不夠規範了。

圖 72－1

圖 72－2

圖 72－3

第73式　斜飛式

左倒攆猴結束，左手繼續往前圓轉而上，手心向下，在臉左側；右手按出後向左落到左肋旁。手心向上，兩手實際是按順時針方向同時慢慢回旋轉成合手式（圖73－1）。然後目光領先向西南，右腳從左踝旁向西退步，借右腳後退之慣性帶動腰胯使身體轉向西南，左腳尖同時勾轉向南，重心全在左腳上（圖73－2），右腳向西南邁出一步，腳尖向西南，眼平視，伸左腿，弓右膝，右手順勢向西南斜上方展開，手心向上；左手則向東北下按，至左胯旁，手心向下（圖73－3）。

圖 73－1　　　　　　　圖 73－2　　　　　　　圖 73－3

【注意事項】

轉身時，右腳後退轉向西，在左腳站穩情況下才向西南邁出，不能匆忙。

體弱及年老者，右腳後退至西南方向，先以大腳趾落地，繼之腳掌、腳跟著地，然後再將身體轉向西南，轉動時左腳以腳跟爲軸，轉向正南，右腳尖轉向西南。

兩手都不可伸直，肘稍低，右手不可高出頭部。

右腳不可劃外弧轉向西南，應後退帶動腰胯右轉，並走外弦沿弓背線路才是正確的動作。

第74式　提　手

接斜飛式，身體重心緩緩前移，手與肘隨勢前移，位置不變，右腳站穩，左腳提起（圖74－1），左腳在右腳後半步處放下，身體隨著緩緩後坐，重心移至左腳，西南方的右手也隨之稍沉向下；同時左手緩緩從下按的位置轉上向腹前，手心向右，於是雙手和右腳一起向上提，身體保持中

圖74－1

正，眼視西南，右腳提起又放下，腳跟著地，腳尖稍蹺（圖74－2）。這便是提手式。

【注意事項】

左足應站穩，右足跟輕放地面，身體中正，其他部分都需輕鬆，才能呼吸自然，達到「氣沉丹田」「氣宜鼓蕩」的要求。

此式（圖74－1）是面向南，（圖74－2）是面向西南，爲斜角勢。

此時，假定自西南向東北有一條對角線，自東南向西北也有同一條對角線。提手這個式子的方向朝西南，左右兩足各在對角線的兩側，兩足都不要踏線，各在對角線的近側。後面斜飛式相同，也在對角線兩側。白鶴亮翅等雙腳是在緯線近側，容後再談。

圖 74－2

第75式　白鶴亮翅

提手勢以後，右手緩緩放下，劃一弧線下捋到左肘下（圖75－1），右足提起向西南方向略進半步成為扣步，足尖向東南踏實後全身順勢向西南角靠去（圖75－2）。眼神轉向東，兩手分開成亮翅狀（圖75－3），同時胸脯由東南逐步轉向東，左足稍收回使足尖向東輕點地面。此時，右手指指天，手心向東，意在上接天氣，左手心向下，手指向東，意在下按地氣，全身「坐」在右腳上，著力點在右足跟（圖75－4）。

【注意事項】

向西南靠去時要意想全身之勁，用意不能只想在肩部一點處。此式開始是胸脯向偏東南，逐步轉向東。除右足外，全身都要放鬆。兩足在身下緯線兩近側，都不要踏線。左足跟不宜提得過高，以免影響氣血通暢。

圖 75 － 1

圖 75 － 2

圖 75 － 3

圖 75 － 4

第76式　左摟膝拗步

接上式，站穩右腳，右手翻掌，手心向上，隨腰向東北平削，左手略向左轉（圖76－1），然後胸脯隨腰胯向右轉，目光向右後看，右手隨腰向下劃一圓弧轉到身後，手臂約同肩平，左手由左下方向上劃弧橫於胸前（圖76－2）。然後目光轉向東，右手屈臂至耳旁；提起左足，向東邁出一步，足尖向正東（圖76－3），全身隨之左轉向東，同時，左手向左下摟至左膝旁，手心向下（圖76－4），右腿伸，左膝弓，身體重心也隨左弓步前移；右手手心向下從耳旁向東緩緩伸出，再稍起指，掌心向東按出（圖76－5）。

圖 76－1

圖 76－2

圖 76－3

圖 76－4

【注意事項】

　　此式左足向東邁步時，要避免前後兩腳踩在緯線上。左足應在緯線北，右足則在緯線南，兩足跟距離相當於肩寬。不同於白鶴亮翅在緯線近側。

　　在左足邁步以前胸脯是斜向東南的。左足邁步時胸脯漸轉向正東，同時左手摟膝。然後右腿伸，左膝弓，右手從耳旁向東按出，幾個動作要協調一致。手腕略坐腕，但不宜繃緊。繃緊則影響氣血通暢。

圖 76－5

第77式　海底針

接上式，身體前移，右
腳提起使左腳獨立（圖77－
1）。右腳在左腳後半步處
落下，身體後坐。同時，順
勢把右手偏左弧形收至胸前
成側掌（圖77－2）。再躬
腰，右手隨躬腰下插，左手
隨之下按（圖77－3）。

圖 77－1

【注意事項】

右手從前按到收回到胸前，高低沒有多大變化，但必
須從偏左的一條弧線往回收，不能直線回收。下插時小指
領先，餘指依次滾動向下插。目光不能隨著手滾動而轉向
地面，應保持向正東平視。

圖 77－2

圖 77－3

第78式　扇通臂

右腳不動，腰身逐漸直起，兩手隨腰提起，左手手指在近右腕下（圖78－1），左腳前邁，伸右腿，弓左膝，右手繼續上提至額前上方，掌心逐漸向南，左手隨著循上弦弓背的線路，向東按出（圖78－2）。以上動作都應該同時完成。

圖 78－1　　　　　　　　圖 78－2

【注意事項】

左手前按時，開始手的位置應該低於肩，到位時同肩一般高（即走上弦弓背線路），有上提前按之意。如果手按出的位置高於肩，再向下弧前按，俗稱走下弦線，就變成撲面掌了。

第79式　翻身撇身捶

接上式，腰背與右手向左移轉，腰胯右坐，身橫移向

偏西南，右臂屈肘向下壓捋，順勢變握拳貼近右肋旁，左腳尖勾轉向南；左臂向右，掌心側向下，隨之腰胯橫掃至西南（圖79－1），然後腰胯向東左移，左手上撩於額前，右手轉俯拳向東南方伸展成左仆步（圖79－2）。

圖 79－1

圖 79－2

圖 79－3

圖 79－4

左腳尖轉向西南，腰胯右轉，右腳以腳跟後退至近左腳旁
（圖79－3）。

　　左腳踏穩，右腳向西邁出，伸左腿，弓右膝，右拳從
左肋旁向上向西隨弓步仰拳擊出，左手撲護在右臂肘旁
（圖79－4）。腰胯後坐，右拳捋收到右腰側，左手掌側
立按出。然後，把右拳上提至右肩前，提時漸轉成俯拳，
左手心漸轉向上（圖79－5）。左腿伸，右膝弓。右拳隨
勢用俯拳前擊同時左手翻掌稍捋回（圖79－6）。

圖 79－5

圖 79－6

【注意事項】

　　此式變化較複雜，全身上下左右都同時在活動，誠所
謂「一動無有不動」，所以必須注意全身協調相隨。注意
每一個環節。例如：腳尖方向的調整，兩腿虛實的變換
等。此式順序是由下而上，步動，腰動，手動。手不可先
動。

第80式　上步搬攔捶

圖 80－1

圖 80－2

　　接上式（圖79－6）的姿
勢，身體重心往後移，左腿屈膝
站穩。右腳收回虛懸著，同時雙
手隨著捋回，在自身左打一個大
回環，左手向下向後弧形轉至左
額旁。右拳由前向後向下捋回，
圓轉至左乳旁（圖80－1）。

　　於是，右腳向西邁出，足尖
向西踏實，右拳向前仰擊後仍仰
拳捋回至腰旁，左手向前攔截，
身稍右轉，左腳尖撇向西北（圖
80－2），然後上左腳向西邁一

圖 80－3

步，左手向左攔截，右腿伸，左膝弓。右拳隨身向西擊出

（圖80－3），這便是搬攔捶。

【注意事項】

上式要點是「上下相隨」，不能脫節，腳進手動；下動上應，假如腳進手不動，是下動上不隨，這就違背上下相隨的要領了。

第81式　上步攬雀尾

接（圖80－3）左腳尖撇向西南，上身稍左轉，兩手成左合手（圖81－1），右腳上一步，雙手隨向前成為雙手掤式（圖81－2），然後依次為捋式、擠式、按式，均與第3式相同。

圖 81－1　　　　　　　　圖 81－2

第82式　單　鞭

攬雀尾的最後動作——按式是面向正西的。按出以後，身體要向東南轉動，轉動的步驟是：先向左回首看，

這叫眼神領先。接著右腿漸伸，左膝漸屈，腰胯隨之邊後坐（稱左靠）邊左轉，右腳尖內勾（以腳踵爲支點轉動腳尖）轉向正南，兩手掌向下，隨腰胯向左平抹（圖82－1），緩緩轉到左手向東，右手在左肩前（圖82－2）。

圖 82－1 圖 82－2

圖 82－3 圖 82－4

眼神向西，頭向右轉，身體重心又從左腳移向右腳（稱右靠），右手隨身體平轉至偏西，左手同時向下劃一圓弧，停靠到右肩前（圖82－3）。右手成吊手，然後目光轉向東，右腳站穩，轉腰再提起左腳，稍退即向東邁出一步。兩腳內側距離同肩寬。身體重心移至兩腳中間，兩腿似騎馬式左手心向內屈肘在胸前（圖82－4），隨著腰胯向左轉動，把左手掌心逐漸轉向東，同時右足尖勾轉向東南（圖82－5），右腿伸，左膝弓，當左膝弓到垂直於腳趾時，左手也趁勢向東按出，同時右手繼續向西平轉，使兩手臂近乎成直線。這便是單鞭式（圖82－6）。

圖 82－5　　　　　　　　　　　圖 82－6

【注意事項】

單鞭在整套拳架中有特殊地位，常常起著承上啓下的作用。動作也比較複雜，學練者須細心揣摩。在練這架式時，可以增加一點中定的時間。這個架式也可以單獨作為站樁式來鍛鍊，正反式均可。不能機械地認為這就是違犯

了「綿綿不斷」的原則。

練單鞭式時，應特別注意「中正安舒」，上身不要前傾。肩背不要向北傾斜。如上身向東傾斜，則內氣必停滯於左腋下心臟區；如肩背向北傾，則內氣必停滯於兩乳中間膻中穴區，達不到自然「開」的效果，就不能做到舒適自然了。

欲左靠，眼神領先左顧；欲右靠，眼神領先右盼。眼神領先向東時，左手才向東按出。勢勢做到眼神領先，才有利於意到氣到。

右手肘下如吊一根垂線，線端應垂在右膝彎曲處上方。不可與左手成直角，如成直角是斜單鞭了。單鞭兩手臂近乎成直線，含有輕柔地擴胸並打開膻中穴之意。

一定要始終保持自然腹式呼吸，這樣才能符合「氣沉丹田」「氣宜鼓蕩」的要求。

腹鬆淨，才能氣斂入骨，氣入骨，其剛可知。要記住張三豐祖師所說：「勿忘、忽助。」單鞭式形似長城。

單鞭定式一定要練得正確無誤，才能進行下一式。否則，這一動作練得不正確，會產生連鎖反應，影響到習練的效果。

第83式 雲 手

接單鞭式腰胯右移，成右仆步，左腳尖勾向南，同時左手隨之右移朝下向右劃一圓弧，轉到右腋前（圖83－1）。然後，腰胯緩緩左移，右腿漸伸，左膝漸屈成左仆步，同時左手上提向左逆時針旋轉，而右手則向下向左順時針同時轉動（圖83－2）。左手轉到左肩平時，右手順

時針也轉到了左肩前(圖 83－3)。右腳橫移，收至左腳旁，間距同肩寬。左腳原位不動，重心漸右移，腰胯右轉，手隨動(圖 83－4、圖 83－5)，右手轉到與肩平時左腳

圖 83－1

圖 83－2

圖 83－3

圖 83－4

<table>
<tr><td>圖 83－5</td><td>圖 83－6</td></tr>
</table>

向東橫進(圖 83－6 至 83－1)。同樣的動作連做3次，即左右腳各橫移3次。兩手圓轉似車輪。右手轉至左肩前，左手平；左手轉至右肩前，右手平。做完3次接做單鞭式。

【注意事項】

雙手旋轉如車輪狀，是以腰胯帶動兩手左右反向似圓輪轉動。腰部轉動的幅度可按照各人的身體素質來掌握。體質好的人，左手或右手轉至與肩相平時，轉腰的幅度可以加大，手轉到正北方，以加強腰胯運動量。架子愈低，運動量愈大。如果腰腿不夠勁，架子還是稍許高一些為佳。

按照眼神領先的原則，眼神向右，則右手漸轉向右；眼神向左，則左手漸轉向左。

做此式時，兩膝微屈，兩腳掌應該始終保持「11」形站立，不要站成內八字或外八字，身體腰以上部分須中

正。重心都在腳踵處，步子移動時，兩腳的重心是在不斷變化的。腳落地的時候，先落腳趾再腳掌，後才是腳跟著地。提腳時則相反，先提起腳跟，最後提腳尖。

兩手在360°圓周上做反方向轉動，手掌時刻變動著方位。不可突然翻掌。兩手順逆時針運轉時，手掌分別在時針3、6、9、12時的不同位置上，它的方位是各不相同的，兩手的掌心始終相對著旋動。

第84式　單　鞭

單鞭的練法見第 4 式，此處的單鞭是銜接於雲手式的，連接處稍有不同。

雲手做到如圖83－6的位置時，左腳站穩，右腳尖勾向東南，腰胯與上身也隨之轉動，帶動右手俯掌向南轉動，右手臂平伸向正南（圖84－1）。

然後，目光由南向西，腰胯右轉，右手向下劃一個

圖 84－1

圖 84－2

U字形，即爲吊手稱「猩猩掌」再轉向西（圖84－2）。
以下均與第4式單鞭（圖4－4、圖4－5、圖4－6）相同。

【注意事項】

與第4式注意事項完全相同。小腹感覺微有起伏乃是
氣的鼓蕩，說明姿勢正確。如無，應等到有鼓蕩感覺了，
再練下一式。

第 六 路

第85式　高探馬

接單鞭式，上身稍前俯，右腳隨著提起，左腳站穩；
右手變掌由身後屈肘向上轉至耳旁（圖85－1）。

然後右腳在左腳後半步處落下，身後坐、左手反掌捋
回，掌心向上捋至近腰旁，右手掌心向下俯掌向東平刺、
左腳稍回收，腳尖點地（圖85－2）。

圖 85－1

圖 85－2

【注意事項】

此式原來練法是：右腳不動，左腳直接收回，適用於青壯年練習。老年人與體質弱者不適宜，並且容易犯屏氣起僵勁，所以應加以改進。但兩種動式都可以採用，可根據習練者的身體素質條件選練。

圖 86

第86式　左穿掌

接上式，提起左腳向東邁出一大步，接著右手稍向下按沉，左手仰掌從右手背上穿出，同時左腳向前弓步，左手向前穿掌與左腳弓步應同時完成，右手也同時內收，手臂橫於左腋下（圖86）。

第87式　回身十字腿

接上式，上體後坐，左腳尖勾向西南，雙腳成內八字「扣步」形狀。身體同時轉向西南；左手隨腰翻掌轉向下向右劃圓，身體重心移回到左腳，這時左臂回旋至頭上方，右腳跟稍收，腳尖稍退點地，右手仍在左腋下（圖87－1），於是雙手向東西沉肘，提起右膝，分劈，右腳掌向西蹬出（圖87－2）。

圖 87-1   圖 87-2

第88式　摟膝指襠捶

接上式，右腳蹬出後，右腳右手同時向左後收回，右

圖 88-1   圖 88-2

手朝下，繞一圓圈變仰拳由左肩前向西擊出。右腳收回來
再向西半步處落下，腳尖向西北踏穩，手腳要同時動。左
手在身後轉上從左耳旁向西撲出，腰右轉，右拳趁勢抍回
至腰際（圖88－1），腰繼續右轉，左腳跟離地，腳趾點
地，膝下屈，左手向北，左腳離地（圖88－2）。接著左
腳向西邁一步，腰左轉使胸脯向西，左手外摟至左膝旁
（圖88－3），伸右腿，弓左膝，右拳從腰際斜向下進擊
（圖88－4）。這就是指襠捶。

圖 88－3　　　　　　　　　圖 88－4

第89式　上步攬雀尾

接上式，腰胯左轉使左腳尖向西南，重心在左腳，兩
手隨腰轉而成左合手（圖89－1），右腳上一步雙手隨向
前成為雙手掤式（圖89－2），然後依次為抍式、擠式、
按式，均與第3式相同。

圖 89－1　　　　　　　　　圖 89－2

第90式　單　鞭

攬雀尾的最後動作——按式是面向正西的，按出以後，身體要向東南轉動，轉動的步驟是：先向左回首看，這叫眼神領先。接著右腿漸伸，左膝漸屈，腰胯隨之邊後坐（稱左靠）邊左轉，右腳尖內勾轉向正南，兩手掌向下，隨腰胯向左平抹（圖90－1），緩緩轉到左手向東，右手在左肩前（圖90－2）。

眼神向西，頭向右轉，身體重心又從左腳移向右腳（稱右靠），右手隨身體平轉至偏西，左手同時向下劃一圓弧，停靠到右肩前（圖90－3）。右手成吊手，然後目光轉向東，右腳站穩，轉腰先退左腳跟再提起左腳，稍退向右踝旁再向東邁出一步。兩腳內側距離同肩寬。身體重心移至兩腳中間，兩腿似騎馬式，左手心向內屈肘在胸前

圖 90－1

圖 90－2

圖 90－3

圖 90－4

（圖90－4），隨著腰胯向左轉動，把左手掌心逐漸轉向東，同時右足尖勾轉向東南（圖90－5）。右腿伸，左膝弓，當左膝弓到垂直於腳趾時，左手也趁勢向東按出，同

時右手繼續向西平轉，使兩手臂近乎成直線。這就是單鞭式（圖90－6）。

圖 90－5　　　　　　　　　　圖 90－6

【注意事項】

單鞭在整套拳架中有特殊地位，起著承上啓下的作用。動作也比較複雜，學練者須細心揣摩。在練這架式時，可以增加一點中定的時間。這個架式也可以單獨作爲站椿式來鍛鍊，正反式均可，不能機械地認爲這是違犯了「綿綿不斷」的原則。

練單鞭式時，應特別注意「中正安舒」，上身不要前傾。肩背不要向北傾斜。如上身向東傾斜，則內氣必停滯於左腋下心臟區；如肩背向北傾，則內氣必停滯於兩乳中間膻中穴區，達不到自然「開」的效果，就不舒適自然了。

欲左靠，眼神領先左顧；欲右靠，眼神領先右盼。眼神領先向東時，左手才向東按出。勢勢做到眼神領先，才有利於意到氣到。

　　右手肘下如吊一根垂線，線端應垂在右膝彎曲處上方。不要與左手成直角，成直角是斜單鞭了。單鞭兩手臂近乎成直線，含有輕柔地擴胸並打開膻中穴之意。

　　一定要始終保持自然腹式呼吸。這樣才能符合「氣沉丹田」「氣宜鼓蕩」的要求。

　　腹鬆淨，才能氣斂入骨，氣入骨其剛可知。要記住張三豐祖師所說：「勿忘、勿助」。單鞭式形似長城。

　　單鞭定式一定要練得正確無誤，才能進行下一式。否則，這一動作練得不正確，會產生連鎖反應，影響到習練的效果。

第91式　左下勢

　　接單鞭式，右腳尖撇向西南，腰胯右移帶動左腳尖勾向南，左手隨著身體右移向上向右圓轉，劃一個大半立圓漸劃到右腋前，左足尖應勾向南（圖91－1）。

　　身體漸下坐，左腳尖撇向東，左手繼續向下向東劃弧帶動右腳尖內勾，左手掌要隨勢翻轉，在胸前時掌心向內，至左膝旁時掌心朝西

圖 91－1

南，再「游」近左踝旁時掌心向南了（圖91－2）。

【注意事項】

　　下勢的拳架，上身向南時稍作傾斜；上身向東撲時，

姿勢要力求低些，右大退
最高的位置稱爲胯根，下
勢時胯根不可低於膝蓋，
即大腿要保持水平位。如
臀部接觸到右腳後跟，或
臀部超出右腳踝外側，或
大腿上面近胯根處低於膝
蓋，均爲不正確姿勢。身

圖 91－2

體從下勢到上步七星的動作，要做得輕鬆自然，給人一種
「游動」的感覺，像蛇從洞中游出去一般。

第92式　上步七星

　　接上式，向東蛇身「游
」進，左腳掌由東稍偏向東
北，提起右腳上前半步，腳
尖輕點地，右手抄上時與左
拳交會成十字拳，右拳在
外，左拳在裡，拳背相對成
筆架式（圖92）。

第93式　退步跨虎

　　接上式，右腳退後坐
實，左腳稍退，腳尖點地。
兩手拳心轉向上，隨退步用

圖 92

拳背下壓（圖93－1）。隨即邊鬆拳變掌邊向左右分開，
就掌心向下成跨虎勢（圖93－2）。

圖 93 − 1

圖 93 − 2

【注意事項】

退步跨虎，兩手分向南北，意為開勁。白鶴亮翅右手指向上，意為指天，左手心向下，意為按地。這裡要有兩手向南北撐開之意。

第94式　轉身擺蓮

接退步跨虎式，雙手開始右轉，手先動，帶動兩肩，肩再帶動身軀向右旋轉；這一動式從圖93−2的姿勢開始，到圖94−1的姿勢結束，只要注意一下兩圖中的雙手位置就可發現，在整個轉身的過程中，左手是自下螺旋弧轉至額上；右手是自上螺旋弧轉至左腋下。兩腳開始不要離地，待上身轉向正南時，再提起右腳跟，以兩腳掌為軸心原地轉動，轉到胸向正西時，就轉不動了。這時提起左腳以右腳掌為軸心，左腳為外圓轉270°落地，落在右腳之

左後西北方，腳尖向東北，重心移到左腳坐穩，右腳成為虛步。當左腳落地並坐實時便如(圖94－1)所示的姿勢。

　　然後雙手平轉向東南，右腳提起移向東北側前方，用右腳向右擺踢，雙手同時向左平轉。中途恰好給腳背拍打到，發出噼啪兩聲，拍後左腳仍能站穩為佳(圖94－2)。

圖94－1　　　　　　　　　　圖94－2

【注意事項】

　　轉身擺蓮關鍵在於轉身。此式應該從上到下，手先轉腳後轉，從外到內，才能舒適（手是在外圈，右腳掌是內圈軸）。假如雙腳用力從下到上轉身，那一定轉不好。

　　腳拍到手的時候，應該在正東方向。如在東北方向那就不夠正確了。

第95式　彎弓射虎

　　擺蓮腿拍後左腳站穩，右腳邁向東南方落步，伸左腿，弓右膝，成右弓步，同時腰右轉，雙手從東北斜向下

落隨腰向右下方擺動，右手至腰後，左手在腹前，眼神向東南（圖95－1）。

　　然後眼神轉向北，腰胯左轉，右手隨腰向上向東拍擊（圖95－2）。

圖 95－1

圖 95－2

圖 95－3

圖 95－4

　　拍至如圖95－2所示位置時即握拳，並拉回到腰際，形如拉弓弦。而左拳則同時向東北方俯拳伸展，形如推弓瞄射，這是左彎弓射虎式（圖95－3）。

　　接著，左拳放開，平移至胸前，即握拳做拉弦狀，身後坐稍左轉，左手隨之拉回到腰際，同時，右拳從胸前俯拳向東擊出，這是右彎弓射虎式（圖95－4）。

　　【注意事項】

　　此處的彎弓射虎式和陳微明先生在《太極拳術》一書中所介紹的有所不同。原來的彎弓射虎式，雙拳是從右側面同時前擊的。初學者總感到不夠順暢。楊氏所傳另有一套太極藏拳（又稱長拳或快拳），此處的彎弓射虎式是採用「藏拳」中的拳式加以引進的。

第96式　進步搬攔捶

圖 96－1　　　　　　　　　　　圖 96－2

接上式，左腳站穩，提起右腳收到身前；右手也往下往胸口收回，收到胸前又朝上轉，即以右肘彎爲假定軸繞一圓圈，以仰拳向前撇擊出，右腳亦同時前邁落地，但腳尖轉向東南，右拳撇出後又拉回到腰際，腰胯右轉，左手則從左肩外撲出（圖96－1），接著，上左步左手攔截，右拳從腰旁向前擊出（圖96－2）。

第97式　如封似閉

上式右拳擊出後，腰胯向左轉，兩肩隨腰同轉，右拳繼續向前進擊，此時左手心向上隨勢偏向右臂外，護於右腋下（圖97－1），胯腰同身體後坐稍微右轉。右手鬆拳右臂向後抽回，左手順著右臂外側抹出，然後雙手退回到腹前，兩手掌向上（圖97－2），然後再翻掌，左手指向左，右手指向右，向兩邊左右分開，各轉一小圓，轉到掌心向下時（圖97－3），伸右腿，弓左膝，身體前移，在左膝蓋垂直於左足尖時，兩手隨勢向前按出（圖97－4）。

圖 97－1

圖 97－2

【注意事項】

練習如封似閉時，腰轉肩也須同轉，自然使右肩微偏東，左肩微偏西（圖97－1）。後坐時，身體要隨勢轉正，右臂退回，左手順著右臂外側抹出，翻掌前按，與攬雀尾中的按相似，只是方向有東西不同。

圖 97－3　　　　　　　　圖 97－4

第98式　十字手

接上式，右足尖撇轉向南，帶動全身也隨之轉向偏南，左足尖也隨著勾轉偏向南，兩腳成騎馬勢，兩手臂在脊背帶動下同向上舉，手心向外，兩臂自肩部到指尖逐彎成一個和順的弧形，在額前合成一個圓拳（圖98－1），然後腰胯緩緩下坐，肘隨之下沉，帶動兩手向兩側稍分，上身逐呈「山」字形（圖98－2）。再往下坐，兩臂隨沉肘下落至胯側，於是上半身又呈「巾」字形（圖98－3）。左足尖略內勾，指向正南，身體重心左移成左仆步，全身重量落在左腳上，兩手交合於腹前，手心向內（圖98－4）。

　　右足尖虛點地，左腿緩緩起立上升，右足離地，兩手也隨之上升至胸前，立起後右足隨收於左足旁，同肩寬（圖98－5）。

【注意事項】

　　從下坐的姿勢起立時，主要只靠左腳左腿的力量，右

圖98－1

圖98－2

圖98－3

圖98－4

腳需虛懸，但身體虛弱者練此式時，可先把右腳收回到左足旁，距離同肩寬，兩足同時著力緩緩站起來。

此式適宜單練，即在兩足成馬步後，可在足不移位的狀態下按圖的順序，連續下坐，上升；並與分手、合十字手相結合的方法單練此式。身體盡量保持正直而不前俯，頗能增長內勁。

圖 98-5

第99式　合太極

接十字手，轉腕使雙手掌心轉向東西，再轉向南，然後緩慢向下按至腹前逐漸分開，還原到預備勢（圖99-1）、（圖99-2），這就是合太極式。

圖 99-1

圖 99-2

太極拳推手練習法

第一節　為什麼要練推手

推手是太極功夫的重要組成部分。練習拳架子的同時又練習推手可以起到相輔相成，相互補充的作用。

按傳統的說法，練架子是「體」，是太極門第一功，也就是基礎。而推手是「用」，是應用，爲太極門第二功。練架子練的是「知己」功夫，而練「推手」練的是「知人功夫」。

太極拳架練的是「太極十三勢」。即「掤」（有的書上寫作「挷」）；捋（有的書上寫作「攦」）、擠、按、採、挒、肘、靠、進、退、顧、盼、定。架子是一個人單獨練的。十三勢功夫練得怎麼樣，除了自己注意檢查以外，還需要在實際應用中得到客觀的檢驗，推手便是十三勢的具體應用和考驗。

推手是需要兩個人對練的。雙方都要把「十三勢」的功夫應用到進攻和防守中來。平時練架子的姿勢和動作是否正確，一推手便立刻顯出深淺高低來了。所以學練推手是磨煉和提高太極功夫的極好方法。

推手是離不開練架子的，不練架子，便不具備練推手的基本功。但如果單練架子而不練推手，就不能進一步提高太極功夫的水平。例如：練太極拳最緊要的一件事便是「輕靈變化」、「圓轉自如」。因爲只有這樣才能長「內勁」，亦即強化體力，增進健康。而推手對於身體的輕靈圓活提出了更高的要求。

陳微明先生在《太極拳術》中說：「二人粘連綿隨周

而復始，如渾天之球，斡旋不已……將此一身練為渾圓之一體，隨屈就伸，無不合宜。」這正是太極功夫臻於出神入化的一種境界。功夫愈深，而內氣愈足，其增強體質之功效當然也更顯著了。

其次，太極推手也是一種對抗性很強的技擊方法，一種可以進行比賽的競技運動。

學習推手，能有效地訓練周身的靈敏性，提高技擊的反應能力。所以，也能增進對太極武術（作為傳統的太極拳術）的理解，在一定程度上也能提高防身自衛的能力。

這裡必須說明一點：即太極拳推手運動又不完全等於古代的技擊武術。它只是吸取了古代傳統的太極拳的許多基本特點而發展形成的一種競技運動。按照約定俗成的規定，推手只能使用掤、捋、擠、按、引進、落空的方法。到練習「大捋」技巧的時候，才能使用採、挒、肘、靠等方法。在擲打和摔跌時只能使用「長勁」，不准使用「斷勁」和「入勁」。至於拳打、足踢、抓勁、按脈、閉穴、截膜、擒拿、繃放、抖擻、切錯、拆骨等傷害人的技法，則早已被嚴禁使用了。「定期奪命法」則更被堅決地閉鎖了。

在古代，武術本是對敵格鬥的技術。仇人相見，你死我活，上面提到的各種手段，當然可以無所不用其極，甚至在以比試武藝高低為目的的擂台上也是如此。

但後來，武術逐漸發展成了一種健身運動和娛樂性技擊比賽的項目，必要的一些限制和規定就慢慢為人們所接受和遵守了。這就是太極推手和傳統的太極武術的區別之所在。

第二節　太極推手和太極功夫

學習太極推手，必須十分注意學練的方法，並且對所謂太極功夫應有一個正確的理解。

太極拳世稱「武當派」或「內家拳」。它和少林派或外家拳的不同之處，是它具有「順人之勢」「借人之力」「以柔克剛」「以弱勝強」等克敵制勝的特點。所以練太極拳首先必須鍛鍊「輕靈變化」「圓轉自如」的功夫。也即所謂「將此一身練爲渾圓之一體」，能夠「專氣致柔能嬰兒乎」（意爲柔軟得像嬰兒一樣。原話出自《老子》）。

自古以來，凡有成就的太極拳家，對太極功夫這一「柔」字的特點有過許多論述。清初王宗岳的《太極拳論》及《十三勢行功新解》等廣爲流傳的古典著作中，都曾反覆闡釋。民間口頭流傳的大量拳諺也是如此。

但是對於初學者，許多前人的論述，或由於用語過於簡練，或由於本人未經過身體力行的實踐而往往不能正確領會其原意。因此，很容易產生誤解。

例如：「柔中寓剛」「剛柔相濟」「掤勁不能丟」都是一些有關太極拳的論說中經常提到的。我們在學習時必須細心推敲。如果把「柔中寓剛」「剛柔相濟」理解爲注意「柔」的一面以外，還必須注意「堅剛」的一面那就錯了。在練推手時，不去「專氣致柔」，卻時時去注意「剛」的一面，那麼，「不丟不頂」就會變成「又丟又頂」；「捨己從人」，就會變成「捨人從己」；「人不知

我，我獨知人」就會變成「我不知人，人獨知我」。同樣，如果把「掤勁不能丟」理解為時刻頂住對方，那麼，「直來化走」就會變成「直來橫撥」。這樣就根本不可能把太極功夫的精髓學到手。如果不及時改正，就只能練成一身僵滯勁。（下面，我們還要進一步解說）

有的初學者或許在理論上能理解太極功夫的要求，但因年輕氣盛，好勝心太強，和人一推手，就急於出奇制勝，要把對方擊敗，所以仍然會犯上述同樣的錯誤。

這些認識問題不解決，基本功打得不扎實，太極推手是學不精的。

初練太極推手，就是要練一個「柔」字，只有練好了以「柔」為特徵的太極功夫，達到「極柔軟然後才能極堅剛」。關鍵主要在一個「極」字上，有了極柔軟，然後才有可能達到「柔中寓剛」，「剛柔相濟」的境界。只有練就了極柔軟的基本功，才能夠熟練地運用太極拳中一系列的手法和技巧，去「借人之力」，「順人之勢」，以「克敵制勝」。

反之，如果在初練推手時，不在致柔上下一番功夫，而是心裡老想著一個「剛」字，實在是有害無益的。

我們不妨在此打一個比喻：乒乓球運動員中有一類善於打削球的防守型球員，他的球藝是善於防守，任憑對方的進攻多麼猛烈，也無論對方把球打在什麼落點上，這位削球手都能夠沉著地、輕巧地回削過去。對方狠命扣殺，劍拔弩張，他卻始終穩扎穩打，以逸待勞。他雖然較少主動扣殺，但他沉著應戰的本領和嫻熟的削球技巧會使對方屢屢失誤。他擊球時雖然不像快攻選手那麼凶猛，但他巧

妙地掌握著擊球線路和落點，變更著乒乓球的旋轉方向，因此能使對方落網或出界，從而取得勝利。這種風格和戰術同太極拳中所講的「以柔克剛」「柔中寓剛」「剛柔相濟」是極為相似的，在這裡所謂柔，就是這位球員所採用的一系列有效的防守技術，輕靈敏捷的步法和身手，善於順勢誘導促使對方犯錯誤的戰術。

既然他能使這一套以「柔」為特徵的戰術和技巧擊敗對方，可見他也是極「堅剛」的。但是他的堅剛和快攻型選手的那種大板扣殺，猛打猛抽在風格上是截然不同的。有的防守型選手，還能伺機反攻，正抽反彈，其「剛柔相濟」的特點就明顯了。

同樣的道理，我們如果要學習純正的太極拳功夫，在指導思想上也必須要有一個明確的認識，就必須專門研究「致柔」的功夫。有人不理解這一層道理，總以為「純柔無剛，難對強敵」，這是誤解。其原因，可能是把「柔」狹隘地理解為「軟弱」了。

這裡還必須說明一點：我們說的「柔」是拳術風格和特點而不是指體力的軟弱或在打拳的時候可以疲疲塌塌，漫不經心這是必須加以區別的。

按照傳統的訓練方法，練出輕靈變化，體態柔韌、內氣充足，都是從拳架、劍術、推手等基本功苦練中所得來的。除此之外，還有一種嚴格的訓練方法即刺白蠟杆的功夫。這種白蠟杆形如京戰武生使用的長槍，但是槍杆要長得多。每天刺幾百槍，左右手輪換，刺出時手握杆尾稍停幾秒鐘，可以極大地增強體力、握力和發勁。

過去，楊澄甫大師經常使用的是一杆鐵槍。據估計，

此槍重20千克，長約４米。刺出的時候雙手只握在槍桿的約十分之一處（即槍末端）。所需的臂力、握力有多大是可想而知了。拳家經過刺白蠟杆的訓練，具備了強壯的體質，再加上精妙的拳藝，與人比賽起來，不但不至於「純柔無剛」，相反往往還能「棋高一著」呢！當然，現代人學拳的目的和過去有所不同的。對於大多數人來說，打太極拳是一種保健和醫療手段。太極拳的柔軟功夫，包括推手訓練，正是最合乎需要的。其理已不言自明了。

只有清楚地了解太極功夫的特點，再學習推手的方法，才能較好地理解和學好。

第三節　推手練習法

推手方法可以分成單手推手，雙手推手兩大類（另外一類是大捋，因比較複雜，非要有老師當面講解指導才能學會，一般以鍛鍊身體為目的者，也無學習之必要，所以本書不予介紹）。這兩大類推手又因腳步的種種變化而衍生出若干不同的推法，其中定步單推手與定步雙推手是最基本的形式，學練者必須細心體會之。

下面，我們著重介紹最基本的定步單推手和定步雙推手，其他衍變形式只作簡略的說明。

一、定步單推手（合步）

甲乙兩人相對而立，相距約一步。右足各外撇45°，雙方同時邁出左足，兩足的內側相距二百毫米，一方的足尖線向前與對方的右足跟線相對。雙方各伸出左手相搭交於腕背處，手心向裡。右手背貼在自己後腰中間褲帶以下

之處。這樣甲乙兩人便可以使用相搭的左手演練出太極拳中的「掤、捋、按、擠」四種方法。演練時雙方的足掌足跟都不許離地。

學練推手，可由甲乙雙方輪流擔任攻方和守方。攻方主動，守方被動。攻方用「按」和「擠」的方法向對方的肩部、胸部、腹部的上中下，左中右各點按去或擠去，而守方則處處順其來勢避實就虛，隨屈也伸，運用掤、捋、引化的方法，不頂也不丟。當攻方採用掤、捋方法退回的時候，守方可採用「按」和「擠」的方法；但仍然繼續保持著「沾、連、綿、隨」的態勢而不採取主動進攻，就像影子緊隨身形一樣始終保持著守方的角色。當然，在進退變換的過程中，雙方都必須注意姿勢中正，支撐八面。

(一)推手攻守雙方的基本手法

甲按乙掤

甲轉腕反掌，用單鞭式中的左手向乙的胸部按去，這時候應該注意：按的動作是由身體向前移動，手臂隨之前按而形成的。如果身體未動，先用手臂向前推按那就錯了。身體向前移動，要靠兩腿的屈伸來帶動，伸後腿弓前膝，身軀向前移，手臂自然隨之向前按。當左膝弓到膝蓋中心垂直於中足趾的時候，稱為「弓到位」了，手掌仍繼續向前按。但是手臂不可伸直，肘較低於肩和手掌，即手臂保持沉肘狀態，有彈性。

從乙的方面來說，他應該完全服從「捨己從人」的原則，以便學習知人功夫。也就是「聽勁」的功夫。

甲乙兩人可以互換攻守。

乙感覺到甲用手掌按來時便順勢後坐。左手腕仍和甲

保持「沾、連、綿、
隨」，用攬雀尾的「單手
掤」式掤著。身體後坐的
動作也是由兩腿的屈伸來
完成的。即：伸左腿，屈
右腿，於是身體重心隨之
後移。後坐時，腰胯要隨
著對方按來的方向順勢轉
動，如甲方向我胸部偏左
按來，則腰胯隨之向左轉
動；如對方向我胸部偏右

圖 1　甲按乙掤

按來，則腰胯隨著向右轉動。又如對方向我臉部按來，則
須稍稍上仰並向左或右隨彼勢轉化。如向我腹部按來，則
隨之稍稍下俯並向右或左轉動。總之，要使對方找不到我
的中心點。（圖1為甲按乙掤）

甲擠乙捋

緊接著上面的姿勢，
甲用按的動作，卻按不到
對方的中心，便可轉腕用
擠的方法（即用手背、腕
背向對方擠去），這時，
乙可以轉腕使掌心向下，
順著甲的擠勁而後捋（也
是被動），目的使對方找
不到中心可擊點。並使其
落空。即找不到著力點。

圖 2　甲擠乙掤

（圖2甲擠乙捋）。

甲掤乙按

如上述，甲的進攻，被乙引化落空，如果再向前擠，就會因身體過分前傾而失去重心，所以要退守。其方法是：前足掌點地，臀部後退伸左膝，坐右腿，腰胯後坐，手臂改用掤的姿勢，防止對方突然擊來。

圖3　甲掤乙按

甲後退，乙馬上就感覺了，他就轉腕伸掌向前，動作是伸後腿、屈前膝，手臂隨身體前移而按進。甲乙兩人的動作恰好和上一節所描述的相反，互換了攻守。但是不能錯覺爲主動進攻，仍舊應該是被動，沾而隨之，彼退我進，彼進我退，不丟不頂。（圖3爲甲掤乙按）

甲捋乙擠

甲掤著對方手腕後坐左轉，即轉腕使手掌向下往回捋。這時乙則轉腕用「擠」的動作跟進，但要注意自己的重心不能前傾。

爲了使兩人能輪番運轉，甲就不能捋得太遠。見圖4甲捋乙擠，甲未翻

圖4　甲捋乙擠

掌下捋，因爲下捋手就看不淸了，請參閱圖 2 乙捋的姿
勢。

(二)按手、步的分類

圖 5

圖 6

1. 以手分類

左、右手單推手：

定步單推手可以分爲
左手單推手（左手合步）
和右手單推手（右手合
步）。左手合步的方法和
步驟已如上述。

右手合步的方法和步
驟與左手合步相反。左手
合步是甲乙雙方以左腳在
前，以左手搭手；而右手
合步則是以右腳在前，相
互以右手搭手。左手合步
和右手合步在交手練習
時，其運轉的方向恰好相
反。

左手單推手見圖 1 ～
圖 4；右手單推手見圖 5
～圖 8。

2. 以步分類

單推手因腳步變化可
以衍變出以下幾種不同的
方式：

①順步單推手

甲右足在前，乙左足在前，兩足內外側接近於相觸，稱爲順步推手。內中一個是合步。一個是拗步（右足在前，左手搭手；或右足在前，左手搭手，稱爲拗步）。推手的方法和步驟都和前面講的合步推手相同。

圖7

②拗步單推手

各右足在前，左足在後。各提起左手與對方進行單推手練習稱爲拗步單推手。反之亦同。

③動步單推手

前弓步的時候把後足跟提起來；坐後腿的時候把前足掌提起來。這種推手方法需要等到定步單推手的基本功熟練後才能鍛鍊。定步推手的時候，腳

圖8

趾和腳跟都不得離開地面，（不論順步拗步）如此訓練不得少於100小時，然後才能練動步單推手。

④踏步單推手

向前按擠時提起後足移前半步懸著，使前足站穩。掤

捋時，懸著的後足退後站穩，提起前足退後半步懸著，使後足坐穩。再前按時懸著的前足向前邁進。後足移前半步懸著；掤捋時懸著的後足退後踏穩，前足退後半步懸著。前進後退，步步踏穩，虛實分明，一足穩，一足靈，進退敏捷。

⑤走步單推手

從以上的推手方法中，可以進二步、退二步；進三步、退三步。原來右足在前的，要換左足在前，進三退二或進四退三就換過來了。

二、定步雙推手

所謂雙推手，是雙方用兩手同時交搭著進行推手。其基本的動作和單推手一樣，仍舊是掤、捋、按、擠。雙手交搭的方式有一定的規則。「按」是兩手手掌按在對方小臂上。以小臂橫於胸前承受對方按勁的動作叫做「掤」。一手採取掤勢，另一手的掌跟沾在對方一臂外肘部，身體後退轉腕臂化解來勁叫做「捋」。「擠」即用雙手手掌相向著或重疊著向前推進。至於身體前進、退後以及腰腹部轉動的要求則和單手推手完全一樣。

為了熟悉雙推手的基本動作，此處先介紹一種單人練習法。這也可以說是練習雙推手的預備階段。

1.單人練習法

分成五個基本動作（即攬雀尾的步法及用法）：

①引式

引式介於「捋」與「按」之間，我們把它定一個名叫「引」。如圖9所示，此式身體稍前傾，全身放鬆，用腹部自然呼吸，前腿伸直，後腿屈膝。身體重量主要壓在後

腿上，這叫「坐後腿」。身體好的青壯年坐得越低越能長內勁。老年人的姿勢可以高些，以量力而行為直（圖9）。

②按式

接上式，眼神前視，伸左腿，弓右膝，腰胯隨著向前，在右膝蓋垂直於右中腳趾尖的時候，才隨勢伸手向前按。手臂不要伸直，伸八九分就夠了，（圖10）為按式。

圖9　引式　　　　　　圖10　按式

③擠式

緊接按式的是擠式。在兩人推手時，我用「按」前進，如對方腰向右轉避讓，我即用左手附在右小臂內側兩掌心相對，增加擠進的勁力（圖11）。

④掤式

如我用擠式推進，對方順勢後退，也就是用「引」化解，我的進攻落空了。這時就應該採取守勢。那就用左手「掤」，右手腕沾在對方左上臂近肘部處，如水浮舟承受對方來勢（圖12）。

圖 11　擠式

圖 12　掤式

⑤捋式

　　對方用按的姿勢向我攻來，我
即伸右腿，屈左腿用掤和捋化解
之，掤著對方的手，轉腰後退旋臂
轉腕反掌化解的動作叫「捋」（圖
13）。捋式完畢，腰右轉復為引
式。

　　以上五個動作是雙手推手的最
基本形式。可以一個人單獨練習，
練時可以想像，你的前面有人在和
你對練。對方進攻，我退到「引」
的姿勢。接著便是「按」，再接下

圖 13　捋式

去依次為「擠」「掤」「捋」，再回復到「引」。如此
循環往復，亦頗饒有興趣。練時須注意身腰靈活，步法

穩健。

2.定步雙推手合步對練法

甲引、按，乙掤

甲乙兩人相對而立，腳步站法均與單推手相同。

圖中甲的姿勢為按的準備式，即「引」。乙橫右臂承受甲的按手，是謂「掤」。乙的左手腕外側橫沾在甲的右肘外側，即為捋的準備動作。乙的右手小臂橫在胸前時，右手掌正好靠在自己左臂的肘彎上，這樣可以增加掤手的承受力。圖14為甲引乙掤。

圖 14　甲引乙掤

甲按乙掤

甲主動進攻，伸左腿，弓右膝，腰胯隨著前移，當右膝蓋垂直於右足中趾時才伸手臂前按。不

圖 15　甲按乙掤

可先伸手按動然後再動腰與足。一定要養成良好習慣。

　　乙感覺到甲向自己按來，即隨勢伸右腿，坐左腿，右手掤著要隨著甲的按勢後退坐穩。搭手處要始終沾連著，同時又不得生硬頂抗。即要做到「不丟不頂」方爲符合要求。圖15爲甲按乙掤。

甲擠乙捋

　　甲欲再向前按時，乙隨著甲的按勁腰胯右轉，右手隨腰右轉的同時轉手掌向下捋甲，左手也沾著甲的右肘外側轉腕旋臂同時後捋，使甲的按勁落空。甲的左手已按不著乙的小臂，失去了作用，就轉而扶於右手臂內側成兩掌心向前擠乙。圖16爲甲擠乙捋。

甲掤，乙引、按

　　乙感覺到甲擠來時，即隨著甲的擠勁左轉腰胯成爲「引」式，使甲擠不到實處。甲於是左小臂去承接乙的按手，而把右臂放下，右手腕外側繞到乙的左肘外側處沾著，成爲掤、捋式。圖17爲甲掤乙按。

圖 16　　　　　　　　　　圖 17

甲掤、捋，乙前按

乙的兩手手掌按在甲的左手腕臂處，這就變成了甲掤乙按。乙感覺到甲在後退，即引右膝按去。圖18爲甲掤、捋，乙前按。

圖 18

甲掤、捋，乙擠

甲感覺到乙跟隨他按來時，即將身體重心稍偏向右，腰胯左轉，左手即反掌向下，右手腕外側沾在乙左手肘旁，隨腰左轉而後捋。

甲捋乙擠

乙被甲捋，就用右手扶於左手臂內側或兩手掌心相對向前擠去。甲就恢復到第一式「引」，即「按」的預備式，能「引」能「按」。這樣往復循環，兩人沾、連、綿、

圖 19

隨，變化不停，經久練習就可以達到強身健心，增進體質的目的。同時，內勁增長，功夫到家以後，身體善於輕靈變化，感覺極爲敏捷，就自然能夠化解對手的各種進攻。

長久練習，內勁充沛，用以發人，使人難以抗衡，達到
「由人從己」的境界。圖19為甲捋乙擠。

換手

甲按乙捋的時候，甲不補擠而用掤、捋後坐；乙即補
擠，手就換過來了。

換步

甲原本右足在前，如果甲的前按動作到位以後，右足
外撇45°，左足向前邁一步；乙本來也是右足在前的，當
他感覺到甲上步時，亦即提右足後退一步。左足勾回到正
前方，如此一進一退，兩人就都變成左足在前了。

順步，拗步，動步，踏步，走步都同單推手所講的一
樣。

第四節　推手練習要領

1.中正安舒、不丟不頂

推手中對於身體的要求也和練拳架時一樣，立身須
「中正安舒」，「虛靈頂勁」，「沉肩墜肘」，「氣沉丹
田」。將前進的時候，上身可以稍微前傾；到位時，即前
膝蓋垂直於足尖的時候則身體必須中正。後退的時候，臀
部稍先於身體後退，上身不要後仰。

精神要始終振作，注意力集中，學習「不丟不頂」，
「沾、連、綿、隨」的本領。眼神要注意對方，這是為了
掌握對方可能隨時變化的動向。初練單推手時，動作的速
度要慢，向前按一次從進攻到防守可以慢到一分鐘左右。
觀察被動者有否丟離，皮膚有否起皺。如能做到既不丟

離、又不滯重，（如滯重則皮膚必起皺）就可逐步加快速度，快到每分鐘進退60次以上。練的時候雙方前進後退的幅度有長有短，速度也是快慢多變的。務必使練者受到輕重快慢角度多變、弧直任意的攻擊，都能不丟不頂，不失機勢，才是正宗的太極拳推手學練的要求。

2.搭手部位有變化，掤捋按擠要分清

推手開始時，雙方用手腕背搭手，但在運轉時，攻守雙方要輪番使用掤、捋、按、擠的方法，有時接觸部位在手腕背，有時又轉移到手掌根上。所以，雙方的手掌是不斷地在翻滾的。但不管手掌如何翻滾，接觸點始終處在「沾、連、綿、隨」的狀態。以上是單推手的搭手法。

雙手推手是按照拳架中「攬雀尾」的招式進行「掤、捋、按、擠」的運動，上節已經寫明，不再多述。

3.訓練方法對頭，功夫才能到手

練習推手，雙方須分主動和被動，已如上述。主動一方實際上是教練，術語稱為「喂勁」，是給對方提供鍛鍊「聽勁」、「懂勁」的機會，使其學會化解的基本功夫。

這樣鍛鍊一段時間以後，攻方可變成守方，而守方則變為攻方。這是學習推手的一個必經階段，也是一個最重要的學習途徑。當然，經過一年二年或更長的時候，雙推手也學會了，基本功扎實了，方可直接運用「掤、捋、按、擠」，進行相互找勁的對抗性練習了。

但是學練者仍須繼續注意學習聽勁和化解功夫，因為太極功夫是學無止境的。

有人學習推手，不願從基本功著手練起，也有根本不知道如何按順序學練，而是一開始就想「發人」。或者認

為用「直來橫撥」的辦法也能控制住對方的進攻，甚至把十三勢錯誤地改為只有一種「掤」勁和螺旋一法。這都是不正確的理論和訓練方法。學推手不學「聽勁」、不學「化勁」是不可能掌握真正的太極功夫的。

4.上下相隨，穩定平衡

推手的技擊方法，目的是要將對方發出去。最好的辦法就是使對方失去平衡，或站立不穩，自己卻能保持平衡。為此目的，訓練推手時必須十分注意上下相隨，周身圓活的原則。推手是一項全身運動，而不僅僅是手臂或手腕的局部活動。手臂和上身的活動一定要和腰腿的活動配合得恰如其分。例如：在定步推手中用手按擠時，身體要隨著弓步前進。在這個動作中，手臂的按擠應該稍遲於身體前進的動作，即：先弓步再動臂腕。如果先後錯了，效果就差。再例如：在做掤捋的動作時，身體後退，也有一個上下相隨的關係，即：先動臀部，身體後坐，再動臂腕。

如果再進一步分析身體前移後退的動作，左右兩足一前一後站著，身體前進，須要後腿伸，前膝弓。在這裡伸後腿的動作稍先，是驅動；而弓前膝的動作稍後，是制動。後退則相反，這樣做就正確了。

除此以外，腰部的轉動又要和手臂、肘、腕的動作互相協調，即所謂「一動無有不動」。而且要動得非常鬆靜、靈活。這樣，自身的平衡就比較穩固了。所舉的例子是下動上隨，實際上是上、中、下隨勢互變，目的是要求得機得勢，穩定平衡。我們在這裡不厭其煩地強調的一些東西，看來似是細枝末節，但卻決不是無關緊要的。武術

基本功的鍛鍊必須一絲不苟。否則，在初練時養成了壞習慣，日後要改也難了！

5.關於「掤」

許多有關太極拳和推手的著作中，稱作「掤」今改爲「掤」。常常提到「掤勁不能丟」這句話。意思是說：在整個推手的過程中，自始至終都要保持著掤勁。這本來是很容易理解的。問題在於：應該怎麼正確理解「掤勁」？有的人把「掤」理解爲「抵擋」或「頂抗」，就是用拙力生硬地頂住對方的進攻。這樣，「掤勁不能丟」豈不就等於單純比試力氣大小了嗎？如果按照這樣的理解去練習推手，那就完全背離了太極拳的輕靈變化，以柔爲主的特點了。我們在前面反覆說過的「不頂不丟」「捨己從人」「人不知我，我獨知人」等要求，就根本不可能達到了。所以，把「掤」和「掤勁」理解爲「抵擋」或「頂抗」顯然是錯誤的。

那麼，應該怎樣理解「掤」和「掤勁」呢？

首先，掤是一種防守，是後退時所使用的方法。這裡不妨分幾個層次來講：

第一　掤是防守，是太極拳式的防守。即採用避實就虛化解對方攻勢的方法。而不是用生硬頂抗的方法防守。說得再具體點，就是在手臂保持接觸的同時，探明對方企圖進攻的方向、速度、勁的長短等，邊退邊化解，使對方的進攻落空。所以，雙方手臂的接觸點仍然是很輕微的，只是「沾」和「隨」，而決不是用犟勁頂抗。

第二　掤也確實帶有減殺對方攻勢的作用，特別是在進行比賽的場合，掤或掤勁能夠防止對方突發性的攻擊。

在這裡，可能有人要提出疑問來：既然掤帶有減殺對方攻勢的作用，這又和「抵擋」有什麼區別呢？區別在於：「抵擋」或「頂抗」是兩股力量的正面接觸，雙方都是互不相讓的。如果防守的一方在接觸之際既承受對方的力量，防止其長驅直入，又靈活地後退化捋，而且忽隱忽現，這就是「掤」或「掤勁」了。

輕靈習練拳架和推手，時間久了，能自然生成一種「掤勁」，此種掤勁，並非有意用力，而是當遇敵人之來力自能掤住，不能近身。假如近身，身體各點都有「掤勁」。「掤勁」是隨著內功的增進而增強的。

這種「掤」勁就好比水面的浮力，能承受得了巨大的壓力。如水負舟，就是「掤」的最確切的比喻。所謂「掤勁不能丟」就是指這種「浮而承之」的掤勁。

第三　掤的應用還有許多變化。例如：在兩個太極高手之間進行比賽時，對方「按」「擠」的力量特別大，方向也掌握得很正確，朝著我中心猛攻過來，這時，為了不使對方接近中心，就要靈活地和他周旋。一方面用掤勁刺探對方動向，「浮而承之」；一方面調整我自身的中心，使我順人背。但對方又非等閒之輩，他的進攻也隨時在調整，我要使他落空，他要攻我的中心，於是雙方的力量便膠著在一起。手臂上就要承受很大的力量。過去傳統的叫法稱之為「老牛勁」的便是指這種情況。這種「膠著」狀態，也並不等於「犟頂」或「頂抗」，因為這時，防守一方仍然處於「浮而承之」的狀態，在摸索對方的意圖，並在因勢變化。而進攻一方也在變化之中。這種膠著狀態是動態的膠著狀態，但在外表上近似「頂抗」。

6.「捋」

「捋」，一些早期出版的書上稱做「攦」，是武術專用字。是防守化解的方法，也是順勢進攻的妙術。

防守時，順從對方來勢，引之使其加速，或改變線路使對方失勢而傾跌。在對方失勢，我得機得勢的時候，抓緊時機發放，從而轉守為攻。但應該注意，對方有志於練成深厚的功夫的人來說，也並不是一得機得勢就一定發放的。正確的做法是：繼續給對方提供連續進攻的機會，而自己則次次都能靈活地化解，使對方技無所使，或甚至自行跌倒，這才是「柔中寓剛，綿里藏針」之藝術。

捋的路線：把自己身體的中心想像成一個圓球的中心，捋的路線則始終在圓球的球面上劃弧。這樣，對方的進攻便變成了幾何學上的切線，吃不到我的中心，這就是化解。我的中心是可以變動的，「圓球」是由無數小「圓球」聚合而成，可聚可散，所以，「圓球」的「球面」是可大可小的，所以捋的路線是可以變幻莫測的。當然，這種線路是不可能計算的，也無法具體講清楚的，只能靠實踐中慢慢摸索學會的。

7.「擠」

擠，就是攬雀尾中的「擠」式，是右手背向外，左手背向內，兩手之勁同時隨腰胯向前擠發的動作。

兩手互換，左手背向外，右手背向內合力前擠亦可。左足在前，或右足在前都一樣。

右手心朝裡，左手扶右手腕前擠，稱「扶腕擠」，扶的位置可以變換，手臂上之各點都可以扶。如扶臂擠，扶肘擠，合掌擠，前後掌擠……。

擠的路線：假想對方爲一圓球，要尋找那圓球的中心。力求我的勁穿過其中心向前。對方中心變動，我的勁點也隨之變動，總是要處處對準其中心。當我處於得機得勢的時候，全身處處可發擠勁。如：我用前臂橫擠其胸，後手不一定扶前臂。在比賽的場合，擠勁可連續發動，這叫做摺疊勁，翻上翻下，得機得勢時連連進擊，一勁被化，二勁又發；二勁被化，三勁又到，如波濤翻滾，無有休止。

8.「按」

按的意思，不同於日常生活中用於推按的內涵，太極拳中的按帶有探索著前進的意思。正如陳微明先生在《太極答問》中所說的：「按——有輕靈而進者，有重實而進者，有左重右虛而進者，有左虛右重而進者；有兩手開之意而進者，有兩手合之意而進者。」另外，在傳統太極拳中，還有種種的按法：有平面前按的，有球面前按的，有錐面前按的……那又另當別論了。

有些討論太極拳的文章，太概是爲了學習者便於記憶，把掤捋按擠的方法用幾句順口溜概活起來，例如：「掤在兩臂，捋在掌中，擠在手背，按在腰攻。掤要撐，捋要輕，擠要橫，按要攻」等。我們認爲這順口溜爲了湊字數，其實並不能表達掤、捋、按、擠的正確內涵，是不可取的。學練者須加以比較研究。

9.對於周身節節貫串的理解

太極推手講究「致柔」，亦即周身輕靈的鍛鍊，我們已經在上文中講了很多。在這裡，再補充說明一下「周身節節貫串」的意義。

「周身節節貫串」，是太極拳文獻中的傳統提法。陳微明先生對這句話的解釋是：「節節兩字，言其能虛空粉碎；能虛空粉碎，則處處不相牽連……而運用之時又能節節貫串，非不相顧……然後可謂之輕靈矣。」

這段話的意思是說，我們練拳時的任何動作，都是由身體的各個部位或器官相互協調密切配合之下完成的，這就是「節節貫串」，例如：當我們做按的動作時，是由腳而腿而腰，再由腰而肩而臂，直至由腕而達掌指，這便是「節節貫串」，也就是「一動無有不動」，是比較容易理解的。

但問題還有另外一面，即「虛空粉碎」的訓練，卻是常常為我們所忽略了的。所謂「虛空粉碎」，就是我們身體的各個部位或器官在運動中除了有「互相團結一致、協調作戰」的功能之外，每一個部位或器官本身又應該具有獨立活動的能力。

例如：雙方在推手時，對方突然推我的胸部，我除了用退身和轉腰等方法化解以外，有時可以單獨使用「含胸」的方法來化解，這就等於用胸部這個器官來掤化了。這種身體某一部位單獨活動時，其它部位可以「不相牽連」，這樣就有利保持自身重心的穩定。

對方推我左肩，我退左肩化解；推我右肩，我動一動右肩也能化解；推我肘部，我只動肘部化解，……依次類推，身體的任何部分都能聚散自如，那麼，就大大增加了自身走化的能力，也就是大大增加了身體的柔軟性和輕靈功能。

推手功夫高深的人，全身各個部位各個點都能守能

攻，有的人用胸腹部的勁發人，可使對方跌出，其原因就在於此。

「化時柔軟若無骨，發時全身皆是手」。輕柔功夫達到這樣的程度，和人推手，即使不用化解，也能聚散自如，處處能發人了。

10.關於呼吸

推手時的呼吸，仍和練架子時一樣，循任自然，注意輕鬆。呼吸輕鬆自然了，才能達到沉著鬆靜，才能長內勁。所謂「以心行氣、務令沉者」並非格外運氣。如能遵循推手的要領，注意「輕靈變化求懂勁」，腹部必然自然呼吸。

在推手過程中，抓住時機，果斷地發勁時，呼吸是「逆式腹部呼吸」。這也是經過長期鍛鍊自然而然達到的境界。

拳架不正確，人為的控制呼吸，練數十年也難長太極內勁。

拳架正確，呼吸自然，腹部自然鼓蕩，日積月累，內勁充沛，那時候，吸能提得人浮，呼能發得人遠。這是長期進行輕靈柔軟鍛鍊的結果，而並不是人為地控制呼吸的功勞！

11.關於沾、連、綿、隨

沾——稍微碰上或挨上。如霧和毛毛雨一般，在不知不覺中沾著或滲透到人身上。使其不知不覺也，不要互相連結貼粘在一塊兒。

沾較粘更靈，較敷更有深意。

連——一勢連結貫通另一勢，互相銜接，中間沒有凹

凸和斷續。

綿——綿綿若存，用之不盡。一勁方過，二勁即至；二勁方過，三勁又發……變化無窮。柔軟、綿密得沒有空隙，使人無可乘之機。

隨——你動我隨，捨己從人，隨機應變，隨化隨發，隨時平衡。

附　　錄

太極長拳（藏拳）細目

師承：楊澄甫————陳微明————林炳堯————

第一節

1. 太極起勢
2. 動步攬雀尾
3. 雲手（2個）
4. 白鶴亮翅
5. 左摟膝拗步
6. 右琵琶
7. 左摟膝拗步
8. 貓洗臉
9. 右摟膝拗步
10. 左琵琶
11. 右摟膝拗步
12. 貓洗臉
13. 左摟膝拗步
14. 右琵琶
15. 左摟膝拗步
16. 進步搬攔捶
17. 簸箕式
18. 上步雙托掌
19. 動步十字手

第二節

20. 右抱虎歸山
21. 動步攬雀尾
22. 肘底捶
23. 上步通臂拳
24. 左抱虎歸山
25. 動步攬雀尾
26. 肘底捶
27. 猴頂雲（4個）
28. 摟膝打捶
29. 踩撩穿心拳
30. 轉身十字腿
31. 進步指襠捶
32. 右野馬分鬃
33. 上步動步攬雀尾
34. 單鞭
35. 撇身肘捶
36. 進步左右合肘
37. 玉女穿梭（西南）
38. 退步和步合肘
39. 玉女穿梭（東南）
40. 進步左右合肘

41.玉女穿梭（東北）

42.退步扣步合肘

43.玉女穿梭（西北）

44.左右風輪手

45.上步合手

46.動步攬雀尾

47.轉身野馬分鬃（3個）

48.野馬分鬃（向東）

49.左下勢

50.左右金雞獨立

51.退步左右摟膝拗步（5個）

52.扣步合手回身斜飛式（西南）

53.提手

54.白鶴亮翅

55.左摟膝拗步

56.上步海底珍珠

57.扇通臂

58.撇身捶

59.上步搬攔捶

60.上步動步攬雀尾

61.單鞭

62.雲手

63.單鞭

第三節

64.上步高探馬

65.拉弓勢

66.右分腳

67.高探馬

68.拉弓勢

69.左分腳

70.轉身蹬腳

71.左摟膝拗步

72.貓洗臉

73.右摟膝拗步

74.貓洗臉

75.左摟膝截捶

76.雙叉手

77.翻身二起腳

78.右披身伏虎

79.左披身伏虎

80.回身蹬腳

81.雙峰貫耳

82.右蹬腳

83.轉身左蹬腳

84.連環撇身捶

85.上步搬攔捶

86.如封似閉

87.進步雙按

88.右單鞭

第四節

89.右雲手

90.右單鞭下勢

91.左右金雞獨立（拳）

92.倒攆猴（握拳5個）

93.左斜飛

94.左提手

95.左白鶴亮翅

96.右摟膝拗步

97.上步海底針

98.上步右通臂

99.撇身捶

100.上步左右搬攔捶

101.上步動步攬雀尾

102.簸箕式

103.雙托掌

104.動步十字手

第五節

105.右抱虎歸山

106.左抱虎歸山

107.動步攬雀尾

108.右斜單鞭

109.合手

110.野馬分鬃

111.進步肩靠

112.玉女穿梭拳（西南）

113.退步扣步合手

114.野馬分鬃

115.進步肩靠

116.玉女穿梭拳（東南）

117.上步扣步合手

118.野馬分鬃

119.進步肩靠

120.玉女穿梭拳（東北）

121.退步扣步合手

122.野馬分鬃

123.進步肩靠

124.玉女穿梭拳（西北）

125.左右風輪手（3個）

126.進步揉手（3個）

127.左退步採捯

128.分手抽腿

129.右退步採捯

130.分手抽腿

131.左退步採捯

132.分手抽腿

133.右退步採捯

134.分手抽腿

135.左退步採捯

136.退步揉手（3個）

137.單鞭

神凝氣靜　中正安舒
從容大雅　綿綿不斷

練拳順序：太極拳→推手→動步推手→大捋。上述各法熟練後再練太極藏拳為宜。藏拳每一式後即練習使用方法，熟練後再學下式，順序而進，切莫操之過急！

太極拳論註

陳微明

一舉動，周身俱要輕靈。

不用後天之拙力，則周身自然輕靈。

尤須貫串。

貫串者，綿綿不斷之謂也。不貫串則斷，斷則人乘虛而入。

氣宜鼓蕩，神宜內斂。

氣鼓蕩則無間，神內斂則不亂。

無使有凸凹處，無使有斷續處。

有凹處，有凸處，有斷時，有續時，此皆未能圓滿也。凸凹之處，易爲人所制，斷續之時，易爲人所乘，皆致敗之由也。

其根在腳，發於腿，主宰於腰，形於手指。由腳而腿而腰，總須完整一氣；向前退後，乃得機得勢。

莊子曰：「至人之息以踵。」太極拳術，呼吸深長，上可至頂，下可至踵，故變動其根在腳。由腳而上至腿，由腿而上至腰，由腰而上至手指，完整一氣。故太極以手指放人，而跌出者，並非僅手指之力。其力乃發於足跟，而人不知也。上手下足中腰，無處不相應，自然能得機得勢。

有不得機得勢處，身便散亂，其病必於腰腿求之。

不得機，不得勢，必是手動而腰腿不動，腰腿不動，手愈有力，而身愈散亂，故有不得力處，必留心動腰腿

也。

上下前後左右皆然：凡此皆是意，不在外面。有上即有下，有前即有後，有左即有右。

　　欲上欲下，欲前欲後，欲左欲右，皆須動腰腿，然後能如意。雖動腰腿，而內中有知己知彼，隨機應變之意在。若無意，雖動腰腿，亦亂動而已。

如意要向上，即寓下意。若將物掀起而加以挫之之力，斯其根自斷，乃壞之速而無疑。

　　此言與人交手時之隨機應變，反覆無端，令人不測，使彼顧此而不能顧彼，自然散亂，散亂則吾可以發勁矣。

虛實宜分清楚。一處自有一處虛實，處處總此一虛實，周身節節貫串，無令絲毫間斷耳。

　　練架子要分清虛實，與人交手，亦須分清虛實。此虛實雖要分清，然全視來者之意而定：彼實我虛，彼虛我實，實者忽變爲虛，虛者忽變而爲實，彼不知我，我能知彼，則無不勝矣。周身節節貫串，節節二字，以言其能虛空粉碎。能虛空粉碎，則處處不相牽連，故彼不能使我牽動，而我穩如泰山矣。雖虛空粉碎、不相牽連，而運用之時，又能節節貫串，非不相顧，如常山之蛇，擊首則尾應，擊尾則首應，擊其背則首尾俱應，夫然後可謂之輕靈矣。譬如以千斤之鐵棍，非不重也，然有巨力者，可持之而起，以百斤之鐵鏈，雖有巨力者，不能持之而起，以其分爲若干節也。雖分爲若干節，而仍是貫串，練太極拳，亦猶此意耳。

長拳者，如長江大海，滔滔不絕也。

　　太極拳亦名長拳。楊氏所傳有太極拳，更有長拳，名

目稍異，其意相同。

十三勢者，掤、捋、擠、按、採、挒、肘、靠，此八卦
也。進步、退步、右顧、左盼、中定，此五行也。掤、
捋、擠按，即坎離震兌四正方也；捋挒肘靠，即乾坤艮巽
四斜角也。進退顧盼定，即金木水火土也。

太極拳各式及掤捋擠按已見前。

原書註云：以上系武當山張三豐祖師所著，欲天下豪
傑，延年益壽，不徒作技藝之末也。

太極者，無極而生，陰陽之母也。

陰陽生於太極。太極本無極，太極拳，處處分虛實陰
陽，故名曰太極也。

動之則分，靜之則合。

我身不動，渾然一無極，如稍動，則陰陽分焉。

無過不及，隨屈就伸。

此言與人相接相粘之時，隨彼之動而動，彼屈則我
伸，彼伸則我屈，與之密合，不丟不頂，不使有稍過及不
及之弊。

人剛、我柔謂之走，我順、人背謂之粘。

人剛我剛，則兩相抵抗，人剛我柔，則不相妨礙，不
妨礙則走化矣。即走化，彼之力失其中，則背矣，我之勢
得其中，則順矣。以順粘背，則彼雖有力而不得力矣。

動急則急應，動緩則緩隨，雖變化萬端，而理惟一貫。

我之緩急，隨彼之緩急，不自爲緩急，則自然能粘連
不斷。然非兩臂鬆淨，不使有絲毫之拙力，不能相隨之如
是巧合。若兩臂有力，則喜自作主張，不能捨己從人矣。
動之方向緩急不同，故曰變化萬端。雖不同，而吾之粘隨

其理則一也。

由著熟而漸悟懂勁，由懂勁而階及神明，然非用功之久，不能豁然貫通焉。

　　著熟者，習拳以練體，推手以應用，習練既久，自然懂勁，而神明矣。

虛靈頂勁，氣沉丹田，不偏不倚，忽隱忽現。

　　無論練架子及推手，皆須有虛靈頂勁，氣沉丹田之意。不偏不倚者，立身中正，不偏倚也。忽隱忽現者，虛實無定，變化不測也。

左重則左虛，右重則右杳。

　　此二句，即解釋忽隱忽現之意。與彼粘手，覺左邊重，則吾之左邊與彼相粘處，即變爲虛。右邊亦然。杳者，不可捉摸之意。與彼相粘，隨其意而化之，不可稍有抵抗，使之處處落空，而無可如何。

仰之則彌高，俯之則彌深，進之則愈長，退之則愈促。

　　彼仰則覺我彌高，如捫天而難攀；彼俯則覺我彌深，如臨淵而恐陷；彼進則覺我愈長而不可及；彼退則覺我愈逼而不可逃，皆言我之能粘隨不丟，使彼不得力也。

一羽不能加，蠅蟲不能落。人不知我，我獨知人。英雄所向無敵，蓋由此而及也。

　　羽不能加，蠅不能落，形容不頂之意，技之精者，方能如此。蓋其感覺靈敏，已到極處，稍觸即知。能工夫至此，舉動輕靈，自然人不知我，我獨知人。

　　斯技旁門甚多，雖勢有區別，概不外壯欺弱、慢讓快耳。有力打無力，手慢讓手快，是皆先天自然之能，非關學力而有爲也。

　　以上言外家拳術，派別甚多，不外以力以快勝人。以力以快勝人，若更遇力過我快過我者，則敗矣。是皆充其自然之能，非有巧妙如太極拳術之不恃力不恃快而能勝人也。

　　察四兩撥千斤之句，顯非力勝；觀耄耋能禦眾之形，快何能爲。

　　太極拳之巧妙，在以四兩撥千斤。彼雖有千斤之力，而我順彼背，則千斤亦無用矣。彼之快乃自動也，若遇精於太極拳術者，以手粘之，彼欲動且不能，何能快乎？

　　立如平准，活似車輪。

　　立能如平准者，有虛靈頂勁也；活似車輪者，以腰爲主宰，無處不隨腰運動圓轉也。

　　偏沉則隨，雙重則滯。

　　何謂偏沉則隨，雙重則滯？譬如兩處與彼相粘，其力平均，彼此之力相遇，則相抵抗，是謂雙重。雙重則二人相持不下，乃力大者勝焉。兩處之力平均，若鬆一處，是謂偏沉。我若能偏沉，則彼雖有力者，亦不得力，而我可以走化矣。

　　每見數年純功，不能運化者，率自爲人制，雙重之病未悟耳。

　　有數年之純功，若尚有雙重之病，則不免有時爲人所制，不能立時運化。

　　若欲避此病，須知陰陽。粘即是走，走即是粘，陰不離陽，陽不離陰，陰陽相濟，方爲懂勁。

　　若欲避雙重之病，須知陰陽。陰陽即虛實也。稍覺雙重，即速偏沉，虛處爲陰，實處爲陽，雖分陰陽，而仍粘

連不脫，故能粘能走。陰不離陽，陽不離陰者，彼實我虛，彼虛我又變爲實。故陰變爲陽，陽變爲陰。陰陽相濟，本無定形，皆視彼方之意而變耳。如能隨彼之意，而虛實應付，毫釐不爽，是眞可謂之懂勁矣。

懂勁後，愈練愈精，默識揣摩，漸至從心所欲。

懂勁之後，可謂入門矣。然不可間斷，必須日日練習，處處揣摩，如有所悟，默識於心。心動則身隨，無不如意，技日精矣。

本是捨己從人，多誤捨近求遠。

太極拳不自作主張，處處從人，彼之動作，必有一方向，則吾隨其方向而去，不稍抵抗。故彼落空，或跌出，皆彼用力太過也。如有一定手法，不知隨彼，是謂捨近而求遠矣。

斯謂差之毫釐，謬以千里，學者不可不詳辨焉。

太極拳與人粘連，即在粘連密切之處而應付之，所謂不差毫釐也。稍離則遠，失其機矣。

此論句句切要，並無一字敷衍陪襯，非有夙慧，不能悟也。先師不肯妄傳，非獨擇人，亦恐枉費工夫耳。

太極拳之精微奧妙，皆不出此論。非有夙慧之人，不能領悟。可見此術不可以技藝視之也。

十三勢歌

十三總勢莫輕視，命意源頭在腰隙。變轉虛實須留意。氣遍身軀不少滯。靜中觸動動猶靜，因敵變化示神奇。勢勢揆心須用意，得來不覺費功夫。刻刻留心在腰間，腹內鬆靜氣騰然。尾閭中正神貫頂，滿身輕利頂頭

懸。仔細留心向推求，屈伸開合聽自由。入門引路須口授，工夫無息法自修。若言體用何爲準，意氣君來骨肉臣。想推用意終何在，益壽延年不老春。歌兮歌兮百卅字，字字眞切義無遺。若不向此推求去，枉費工夫貽嘆息。

　　十三勢歌之意，前已講明，故不復註解。

十三勢行功心解

以心行氣，務令沉著，乃能收斂入骨；以氣運身，務令順遂，乃能便利從心。

　　以心行氣者，所謂意到氣亦到，意要沉著，則氣可收斂入骨，並非格外運氣也。氣收斂入骨，工夫旣久，則骨日沉重，內勁長矣。以氣運身者，所謂氣動身亦動，氣要順遂，則身能便利從心，故變動往來，無不從心所欲，毫無阻滯之處矣。

精神能提得起，則無遲重之虞，所謂頂頭懸也。

　　有虛靈頂勁，則精神自然提得起；精神提起，則身體自然輕靈。觀此，可知捨精神而用拙力者，身體必爲力所驅使，不能轉動如意矣。

意氣須換得靈，乃有圓活之妙，所謂變轉虛實也。

　　與敵相粘，須隨機換意，仍不外虛實分得淸楚，則自然有圓活之妙。

發勁須沉著鬆靜，專主一方。

　　發勁之時，必須全身鬆靜。不鬆靜則不能沉著，沉著鬆靜，自然能放得遠。專主一方者，隨彼動之方向而直去也。隨敵之勢，如欲打高，眼神上望；如欲打低，眼神下

望；如欲打遠，眼神遠望。神至則氣到，全不在用力也。

立身須中正安舒，撐支八面。

　　頂頭懸，則自然中正；鬆靜，則自然安舒；穩如泰山，則自然能撐支八面。

行氣如九曲珠，無微不到。

　　九曲珠，言其圓活也。四肢百體，無處不有圓珠，無處不是太極圈子，故力未有不能化也。

運勁如百煉鋼，何堅不摧。

　　太極雖不用力，而其增長內勁，可無窮盡。其勁如百煉之鋼，無堅不摧。

形如搏兔之鶻，神如捕鼠之貓。

　　搏兔之鶻，盤旋不定；捕鼠之貓，待機而動。

靜如山岳，動若江河。

　　靜如山岳，言其沉重不浮，動若江河，言其周流不息。

蓄勁如張弓，發勁如放箭。

　　蓄勁如張弓，以言其滿；發勁如放箭，以言其速。

曲中求直，蓄而後發。

　　曲是化人之勁，勁已化去，必向彼身求一直線，勁可發矣。

力由脊發，步隨身換。

　　含胸拔背，以蓄其勢。發勁之時，力由背脊而出，非徒兩手之勁也。身動步隨，轉換無定。

收即是放，放即是收，斷而復連。

　　粘、化、打雖是三意，而不能分開。收即粘化，放是打，放人之時，勁似稍斷，而意仍不斷。

往復須有折疊，進退須有轉換。

折疊者，亦變虛實也，其所變之虛實，最爲微細。太極截勁，往往用折疊，外面看似未動，而其內已有折疊。進退必變換步法，雖退仍是進也。

極柔軟，然後極堅剛。能呼吸，然後能靈活。

老子曰：「天下之至柔，馳騁天下之至堅。」其至柔者，乃至剛也。吸爲提爲收，呼爲沉爲放，此呼吸乃先天之呼吸，與後天之呼吸相反，故能提得人起，放得人出。

氣以直養而無害，勁以曲蓄而有餘。

孟子曰：「吾善養吾浩然之氣。」至大至剛。以直養而無害，則塞乎天地之間。太極拳蓋養先天之氣，非運後天之氣也。運氣之功，流弊甚大，養氣則順乎自然，日習之養之而不覺，數十年後，積虛成實，至大至剛。至用之時，則曲蓄其勁，以待發，既發則沛然莫之能禦也。

心爲令，氣爲旗，腰爲纛[①]。

心爲主帥以發令，氣則爲表示其令之旗，以腰爲注。則旗中正不偏，無致敗之道也。

先求開展，後求緊湊，乃可臻於縝密矣。

無論練架子及推手，皆須先求開展，開展則腰腿皆動，無微不到。至功夫純熟，再求緊湊，由大圈而歸於小圈，由小圈而歸於無圈，所謂放之則彌六合，捲之則退藏於密也。

又曰：先在心後在身，腹鬆靜，氣斂入骨，神舒體靜，刻刻在心。

太極以心意爲本，身體爲末，所謂意氣君來骨肉臣也，腹鬆靜，不存絲毫後天之拙力，則氣自斂入骨，氣斂

入骨，其剛可知。神要安舒，體要靜逸，能安舒靜逸。則
應變整暇，決不慌亂。

切記一動無有不動，一靜無有不靜。

內外相合，上下相連，故能如此。

牽動往來，氣貼背，斂於脊骨，內固精神，外示安逸。

此言與人比手之時，牽動往來，須含胸拔背，使氣貼
於背，斂於脊骨，以待機會。機至則發，能氣貼於背，斂
於脊骨，則能力由脊發，不然，仍手足之勁耳。神固體
逸，則不散亂。

邁步如貓行，運勁如抽絲。

此仍形容綿綿不斷，待機而發之意。

**全身意在精神，不在氣，在氣則滯，有氣者無力，無氣者
純剛。**

太極純之神行，不尚氣力，此氣言後天之氣力也。蓋
養氣之氣，為先天之氣；運氣之氣，為後天之氣。後天之
氣有盡，先天之氣無窮。

氣如車輪，腰似車軸。

氣為旗，腰為纛，此言其靜也，氣如車輪腰似車軸，
此言其動也。腰為一身之樞紐，腰動則先天之氣如車輪之
旋轉，所謂氣遍身軀不少滯也。

打手歌（按打手即推手也）

掤搌擠按須認真，上下相隨人難進。任他巨力來打
我，牽動四兩撥千斤。引進落空合即出，粘連綿隨不丟
頂。

認真者，掤、搌、擠、按四字，皆須按照師傳規矩，

絲毫不錯，日日打手，功久自然能上下相隨。一動無有不動，雖巨力來打，稍稍牽動，則我之四兩，可撥彼之千斤。彼力旣巨，必長而直。當其用力之時，不能變動方向，我隨彼之方向而引進，則彼落空矣。然必須粘連綿隨，不丟不頂，方能引進落空，四兩撥千斤也。

又曰：彼不動，己不動；彼微動，己先動。似鬆非鬆，將展未展，勁斷意不斷。

打手之時，彼不動則我亦不動，以靜待之。彼若微動，其動必有一方向，我意在彼之先，隨其方向而先動，則彼必跌出矣。似鬆非鬆，將展未展，皆言聽彼之勁，蓄勢待機，機到則放，放時勁似斷而意仍不斷也。

以上相傳，爲王宗岳天生所著，太極拳之精微奧妙已包蘊無餘。就管見所及，略加註解，然仁者見仁，智者見智，功夫愈深者，讀之愈得其精妙。深願繼起者，發揮而光大之焉。

①編者註：纛（dáo），古代軍隊裡的大旗。

太極合老說

陳微明

老子曰：「常無欲以觀其妙，常有欲以觀其徼。」與之粘隨，觀其化之妙，忽然機發，是謂觀其徼。

老子曰：「有無相生前後相隨。」是謂左重則左虛，右重則右杳，進之則愈長，退之則愈促。

老子曰：「天地之間，其猶橐（táo），籥（yué）乎？」虛而不屈，動而愈出；故太極無法，動即是法。

老子曰：「綿綿若存，用之不勤。」綿綿存者，內固精神；用之不勤者，外示安逸。

老子曰：「後其身而身先，外其身而身存。」後其身而身先者，彼不動己不動，彼微動己先動也。外其身而身存者，由己則滯，從人則活也。

老子曰：「上善若水，居善地，心善淵，事善能，動善時，夫惟不爭，故無尤。」居善地者，得機得勢；心善淵者，斂氣斂神；事善能者，隨轉隨接；動善時者，不後不先。太極之無敵惟不爭耳。

老子曰：「抱一，能無離乎？專氣致柔，能嬰兒乎？」是謂極柔而至剛，萬法而歸一。

老子曰：「曲則全，枉則直。」是謂曲中求直，蓄而後發。

　　老子曰：「將欲歙之，必固張之。將欲弱之，必固強之。將欲奪之，必固與之，是謂微明。」太極粘連綿隨，不與之抗。彼張我歙，彼強我弱，彼奪我與，然後能張能強能奪。

　　老子曰：「反者道之動。」故有上必有下，有前必有後，有左必有右。

　　老子曰：「天下之至柔，馳騁天下之至堅。」無有入於無間。又曰：「不爭而善勝，不召而自來。」是謂引進落空，四兩撥千斤也。

太極拳術十要

楊澄甫　口授
陳微明　筆述

一、虛靈頂勁

頂勁者，頭容正直，神貫於頂也。不可用力，用力則項強，氣血不能通流。須有虛靈自然之意，非有虛靈頂勁，則精神不能提起也。

二、含胸拔背

含胸者，胸略內含，使氣沉於丹田也。胸忌挺出，挺出則氣擁胸際，上重下輕，腳跟易於浮起。拔背者，氣貼於背也。能含胸，則自能拔背，能拔背，則能力由脊發，所向無敵也。

三、鬆　腰

腰為一身之主宰。能鬆腰，然後兩足有力，下盤穩固。虛實變化，皆由腰轉動，故曰，命意源頭在腰隙。有不得力，必由腰腿求之也。

四、分虛實

太極拳術，以分虛實為第一義。如全身皆坐在右腿，

則右腿爲實，左腿爲虛；全身坐在左腿，則左腿爲實，右腿爲虛。虛實能分，而後轉動輕靈，毫不費力；如不能分，則邁步重滯，自立不穩，而易爲人所牽動。

五、沉肩墜肘

沉肩者，肩鬆開下垂也。若不能鬆垂，兩肩端起，則氣亦隨之而上，全身怕不得力矣。墜肘者，肘往下鬆墜之意。肘若懸起，則肩不能沉，放人不遠，近於外家之斷勁矣。

六、用意不用力

太極論云。此全是用意不用力。練太極拳，全身鬆開，不使有分毫之拙勁，以留滯於筋骨血脈之間，以自縛束，然後能輕靈變化，圓轉自如。或疑不用力，何以能長力？蓋人身之有經絡，如地之有溝洫，溝洫不塞而水行，經絡不閉而氣通。如渾身僵勁，充滿經絡，氣血停滯，轉動不靈，牽一髮而全身動矣。若不用力而用意，意之所至，氣即至焉。如是氣血流注，日日貫輸，周流全身，無時停滯，久久練習，則得眞正內勁，即太極論中所云，極柔軟，然後能極堅鋼也。太極功夫純熟之人，臂膊如綿裹鐵，分量極沉。練外家拳者，用力則顯有力，不用力時，則甚輕浮，可見其力，乃外勁浮面之勁也。外家之力，最易引動，故不尙也。

七、上下相隨

上下相隨者，即太極論中所云：「其根在腳，發於

腿，主宰於腿，形於手指」，由腳由腿而腰，總須完整一
氣也。手動腰動足動，眼神亦隨之動，如是方可謂之上下
相隨。有一不動，即散亂矣。

八、內外相合

　　太極所練在神，故云神爲主帥，身爲驅使。精神能提
得起，自然舉動輕靈。架子不外虛實開合，所謂開者，不
但手足開，心意亦與之俱開。所謂合者，不但手足合，心
意亦與之俱合。能內外合爲一氣，則渾然無間矣。

九、相連不斷

　　外家拳術，其勁乃後天之拙勁，故有起有止，有續有
斷，舊力已盡，新力未生，此時最易爲人所乘。太極用意
不用力，自始至終，綿綿不斷，周而復始，循環無窮。
《原論》所謂如「長江大河，滔滔不絕」，又曰「運勁如
抽絲」，皆言其貫串一氣也。

十、動中求靜

　　外家拳術，以跳躑爲能，用盡氣力，故練習之後，無
不喘氣者。太極以靜禦動，雖動猶靜。故練架子，愈慢愈
好，慢則呼吸深長，氣沉丹田，自無血脈僨張之弊，學者
細心體會，庶可得其意焉。

跟隨微明先生學拳

林炳堯

一、學拳生涯的開始

　　我和太極拳已打了五十多年的交道，可算是有點緣份的了。但說起來，這緣份卻是始於我小時候的愛生病。

　　我從小患有先天性支氣管炎、風濕性心臟病等疾病，雖經多方求醫服藥，但收效甚微。我的父親和姐姐，都因為患這兩種病分別在四十一歲和三十五歲就過早地離開了人世。我今年六十七歲，身體很好。在現在這個「人生七十不稀奇」的時代，活六十七歲根本不算什麼。可是對我這個體弱多病的「藥罐頭」來說，卻很不容易，這要感謝太極拳的功勞。

　　吃藥當然能夠治病，但有些病就是不能光靠藥物的。我小時候家裡人千方百計為我尋醫求治，卻依然治不好我的病。後來我到一家商店裡去當學徒了，有人勸我去學武術健身。我抱著試試看的心情到寧波青年會的武術班向吳涵秋先生學習楊式太極拳。以後來到上海又到精武體育會向王鳳崗老師學潭腿，向佟忠義老師學摔跤。可是我當時的體質實在太虛弱，運動量一大就覺得力不從心。學摔跤先得翻跟斗，我每翻一個前滾翻就頭昏眼花、跌在地上起不來了。所以潭腿沒學成，摔跤也沒學好。正當我彷徨困

惑，無所適從的時候，我有幸遇見了陳微明先生，知道了拳術有內家拳和外家拳的區別。從我的體質出發，學習內家太極拳是比較適宜的，於是我就開始跟微明先生學太極拳了。

陳微明先生的大名，我仰慕已久，陳先生曾任清史館纂修，早年在北京曾跟孫祿堂先生學習形意拳八卦掌，後來又跟隨楊澄甫先生學楊式太極拳，功力極深。他虛心好學的精神，令人欽佩。據他自己說，年輕時曾聽別人說起過太極拳，但「心慕之而未遇知者」。到了北京以後，他聽到楊家太極拳的種種傳聞，不經別人介紹，便直接去找楊澄甫先生。他問：「聽說太極拳楊氏最精，但從不輕易傳人，是不是這樣？」楊澄甫笑了，回答說：「非不傳人，願得其人而傳也。吾祖受之河南陳氏，今將歸之陳，君如好之，吾不秘惜。」就這樣，微明先生從1917年起向楊大師學了七年。他聘請楊大師到家裡，同吃同住，刻苦學習，從不間斷。可謂「祈寒袒衣，盛暑揮汗，未嘗以為苦也；擊撞創傷，屢起屢僵，未嘗以為恥也」。

在學拳的過程中，微明先生又幫助楊大師總結他豐富的實踐經驗，共同探討太極拳的理論和規律，互補短長，兩人因此成了莫逆之交。微明先生也真正得到了楊式太及拳的真傳。他根據楊澄甫先生的口述，筆錄整理而成的《太極拳術》一書是一部楊式太極拳的權威著作。自從1925年由中華書局出版以來，一向為廣大拳術愛好者所推崇。

微明先生不但武術精湛，而且品德高尚。他對人真誠和靄，教授拳術一絲不苟。他於1925年創辦的致柔拳社設

在上海西藏中路的寧波同鄉會內，課程包括太極拳，不動步推手、太極劍、動步推手、大捋、長拳（藏拳）、散手、對劍、太極槍等。學完全課程需要三年時間。學費是每月十塊銀元。當時社會上商、政、軍、學各界的許多人都在那裡學拳，但學完全部課程的畢業生並不很多。

我是1942年到微明先生那裡學習的，那時我在一家綢布店裡當店員，每個月的薪水不到十塊錢，當然交不出學費。但微明先生對金錢並不計較、對於真心要學習拳術的貧寒子弟，他不但允許免去學費，而且教得特別認真，訓練特別嚴格。他授課時一向是根據學員的不同年齡，不同體質以及領悟能力而採取不同的教法。

對於我這樣的年輕人，他首先要求我站預備式，一站就半小時一小時。我認為這是老師在考驗我的決心，所以硬著頭皮站了一個半月。然後，他才教我單手掤式。我後來體會到，這其實是一種傳統的訓練基本功的方法。前輩拳術家常用這種方法訓練初進山門的徒弟，其中有弓步樁，川步樁，馬步樁，仆步樁等。站樁有基礎了，太極拳的要領如：「虛靈頂勁」，「舒胸順背」，「舌舔上腭」、「沉肩墜肘」，「氣沉丹田」等也就能自然掌握了。

微明先生教我打拳，對我的要求非常嚴格，一招一式地講解得更為詳盡。他的國學根基深厚，授課時喜歡引用「老子」的話來闡述太極拳的原理。老子哲學作為一個思想體系，當然是個非常複雜的問題。但《老子》一書中的許多說法，的確能恰到好處地表明太極拳的深奧含義的。致柔拳社的名稱也來源於《老子》的「專氣致柔能嬰兒

乎」一語，這並不是偶然的。

　　微明先生敎了我一段時期，應聘去外地旅遊授藝。他怕我荒廢學藝，又把我托付到南市珠寶公所開館授拳的田肇麟老師處學習。後又承褚桂亭、葉大密等前輩老師賜敎。我身受老師和各位前輩的敎誨，兢兢業業，不敢稍有懈怠。由於堅持鍛鍊，我身體日見健康，前面所說的兩種先天性疾病也得到了控制。微明先生對我們這些學生是寄托了很高的期望的。

　　我記得，傅鐘文老師在1944年成立永年拳社時，先生叫我代表他出席講話，他囑我到會上說一說這樣一層意思：「希望大家同心協力，繼續弘揚太極拳這一寶貴的民族文化遺產。世上每一位有本領的拳術家，應該把他的絕技或看家本領都無所保留地奉獻出來，傳之後世，服務社會。」微明先生還敎我「太極長拳（原稱藏拳）」。澄甫先生的一套長拳是五十九式，微明先生「增加太極長拳」爲一百零八式，爲了便於記憶，我將長拳細目記錄爲一百六十式。楊氏雖以精拳術聞名於世，然深沉不露，尤善養氣，絕無爭雄競長之心。

　　微明先生更爲謙虛禮讓，認爲高手之上有高手，不存在頂峰。所以五十九式較公開的八十一式爲短。而稱爲長拳，或恐世人議論也。

　　微明先生對大家的心願，也是對我這個學生的諄諄囑咐，是我不敢順臾或忘的。所以，我在堅持鍛鍊的同時也帶了不少太極拳愛好者共同學習。這也算是我對先生諄諄敎誨的一點報答吧！

二、師教、回憶和體會

我正式敎人練拳是在1962年開始的，那時，我天天早晨去復興公園鍛鍊，有兩個面黃飢瘦的靑年人，常常站在旁邊看，看中了我的太極拳，上前來請我指敎。他們說他倆都因生肺病而失業，也沒有錢去看醫生，聽說打太極拳可以袪病健身，所以跑到公園裡來看看，問我能不能敎他們？我說：「我是自己練練身體，不是敎拳的，也不會敎。」他們就要求在我的身後跟著練習，我表示可以，就這樣一同練了起來。他們的態度很誠懇，學習也挺認眞，可是我發現，有時逢月初他們總要缺課幾天，起初也不明白是什麼原因，後來經我探詢，才知道他們無收入，經濟上十分困難。我聽了很同情，說：「月票錢不方便可以向我要，但不能缺課。」經過幾個月的鍛鍊。他倆的身體果然有了明顯的好轉，臉上也出現了紅潤的血色。他們一位姓楊，一位姓裘，肺病痊癒了，以後都分配到了工作。

此後，我帶的學生就越來越多了。其中有的還去澳、美、英、法、日等國，因爲他們會打太極拳，在謀生和交友方面還比別人多了一層方便。

近年來，許多學友都希望我能寫點經驗體會之類的東西，作爲他們的鍛鍊時的參考。我考慮了很久，覺得有關太極拳的書已經出版了不少，喜歡看書的人盡可以找來閱讀。另一方面，我又覺得要把經驗體會寫得正確而實用也頗不容易。表達得不準確，往往會誤人子弟。寫得過於複雜細緻，又會使人感到太繁瑣。我想來想去，覺得還是把我跟從微明先生學拳時所見所聞並結合我自己的一些體會

談些想法。

　　第一，對於太極拳需要有一個全面的認識，它既是一種源遠流長的民族文化和技擊功夫，又是一種防病強身的保健運動；既是一種博大精深的武術體系，又是一種群眾的體育活動項目。作為武術訓練，學習者的目的在於提高武藝、防身克敵，這種技藝，至今在軍事訓練中仍然有它的價值；作為一種健身運動，學習者的重點往往在於拳術的醫療功能，注意拳術對生理和心理的影響。兩者是一致的，又是有差異的。它們一個是源，一個是流，一個是傳統，一個是發展，是相輔相成的。

　　學習太極拳的人對此應有全面的認識。

　　古人學拳是要吃大苦、耐大勞的。據說，楊澄甫的祖父楊祿禪在訓練他的兒子和門徒打拳時就非常嚴格。結果，一個兒子要上吊，一個兒子想逃跑，幸虧都被及早發現而予以阻止了。我們大多數人當然不可能經受如此嚴格的訓練。但是，我們不妨設想一下，要是當年楊祿禪老師不是那麼嚴格地訓練他的門徒和兒孫，我們今天又怎會有楊式太極拳呢？即使在今天，要是沒有一部分專業的拳術家繼續研究和學習，那麼，太極拳這一源遠流長的民族遺產又怎能永久保存下去並不斷地發揚光大呢？

　　另外，我們現在練的拳式，動作緩慢，如行雲流水，它每一個動作，每一個招式都是按武打的要求設計的，都是有來歷的。如果我們懂得其中的道理，練起來也會更加饒有興味，對拳術的要領也能加深理解，拳藝也會與日俱增。否則，學會了幾式架子，就以為太極拳也不過如此，那麼就很難理解太極拳有什麼「博大精深」之處了。所

以，我們一方面不妨把練拳當作一種健身運動，一方面也不要忘記太極拳畢竟是一種精湛的武術，是有著極其豐富深刻的內涵的，是需要經過長時期鍛鍊才能達到較深造詣的。

說到這裡，我就想起了微明先生一個故事。他創辦致柔拳社是以「祛病強身」爲宗旨的。這是一方面，另一方面，他又非常重視發揚太極拳的傳統拳術。至柔拳社的全部課程需要三年才能學完。他自己武藝精湛，所以才能夠在社會上產生巨大的影響。如果他當年把太極拳單純當作一種醫療手段來傳授，沒有留那麼多武術著作，沒有培養出眾多的功底深厚的學生，那麼，楊式太極拳恐怕也不會有今天這樣的普及了。

在本世紀二十年代，人們對太極拳很不理解。微明先生在寧波同鄉會底層大廳敎拳時，四樓同時有兩位敎少林拳的武術家。一位是徐文甫，是一家熱水瓶廠的老闆。他身材高大，生性豪爽，練起扎杆來，白蠟杆往地上一摔，立即碎爲細絲；百斤重的石擔用腳踢上來再單手抓穩。他還每年正月初三到寧波江東立鶴廟擺擂台，屬台柱五虎將之一。另一位是陳鐸鳴，是華德鐘錶店（現中百一店對面）經理，也是位武藝高強的武林人士。他們兩人在寧波同鄉會四樓開館授拳。看到微明先生所敎的太極拳軟綿無力，不明白是怎麼回事。有一天，他們就找上門來，要和微明先生「過手」。用現在的話來說過手就是較量。先生回答說：「要過手可以，你們先在我這裡學三個月，不是學友不交手嘛！」徐、陳二人只得耐住性子學了一些時候，微明先生一面敎拳，一面向他們宣傳他辦社的宗旨，

一是「發揚國術」，一是推廣「修身養性」之道，這也就
是我們所說的對太極拳的全面認識。根據這一認識，他不
贊成「與人爭一日之短長」。但作為學友交手是可以的，
這是為了切磋技藝，就好比今天說的「比賽」。老先生公
開了太極拳技擊法之後，就和徐、陳兩人「過手」了。不
管對方用什麼方法進攻，他總是用「攬雀尾」的一式
「擠」的對付，每次都把對方重重地「擠」向牆上。他們
先在離牆只一步的地方比試，微明先生一發勁，對方就被
「擠」到牆上，後來又在離牆丈把的地方比試，對方又被
拋跌到牆上了。兩個人屢試屢驗，終於心服口服，領教到
了太極拳的奧妙。從此，他倆到樓上摘下了自己武術館的
招牌，辭退了原來的學生，偕同幾個好友共同向微明先生
學習楊式太極拳了。由於他們原來的基礎好，領悟又快，
達到了功夫極深的境界。

　　有一天，陳鐸鳴的鐘錶店裡，忽然闖進來兩名強盜，
聲言買兩只名牌金錶，等錶拿到手就拔出手槍對準陳的胸
口，威脅不許動，企圖奪路而逃。陳沉著冷靜，使用太極
拳中「採」的手法，瞬即將手槍奪了過來。那兩個強盜還
沒搞清楚是怎麼回事，就被擒住了。他把強盜送到當時老
閘捕房，捕房的外籍警官還不相信，拿槍比劃之際，陳當
場又奪過警官的槍，表演了精湛的武術，使捕房警官們大
為讚許。結果特地賞給陳鐸鳴和其徒弟鄔光明三百塊銀
洋，以表彰他除霸治安的功勞。此事在上海曾被傳為美
談。

　　第二，「拳不離手」這聽起來或許是一句唱濫了的老
調，但做起來卻很不容易。太極拳最基本的十三式是掤、

掤、擠、按、採、挒、肘、靠、進、退、顧、盼、定。但
同時一招一式，又無數用法。要熟練地掌握其無窮的變
化，除了長年堅持鍛鍊，悉心鑽研以外，是別無他法的。
有人很喜歡研究，找了許多書來看。我認為，書應該讀，
文章也可以看，但想通過看書一躍而成為拳術高手是決不
可能的。

說來也怪，在武術百花園中，文章發表得最多的恐怕
就要算太極拳了。可是我還沒有看見過一個單純靠看書學
好太極拳的人。這樣說，決不是貶低理論的重要性，相
反，我認為我們對於太極拳的理論研究還非常不夠。我的
意見只是說書本知識或理論研究是代替不了練功的，功夫
靠鍛鍊才能得到。致柔拳社的學員過去在寧波同鄉會練拳
時，夏天場地上天天都留下一灘灘汗水，冬天頭髮上總是
汗氣騰騰。微明先生是非常強調下苦功夫練功的。

記得有這樣一件事，有一天，拳社門前忽然來了一輛
豪華的私人人力車，前面一個人拉車，後面一個人推車，
坐在車上的身穿長袍，腳踏粉底鞋，一路上鈴聲叮噹。微
明先生聞聲向窗外觀看，見坐車的人已經走進門來，背後
隨著一個跟班，他對微明先生說，是來致柔拳社報名學拳
的，說著就拿出拾塊銀洋放到桌子上交學費。

微明先生把那人從頭到腳打量一番，搖了搖頭說：
「學打拳是要吃苦的，我看你這一身打扮，根本不像能吃
苦的人，空費錢財何苦呢？還是回去吧！」那人態度堅決
地表明，他是真心實意來學拳的，一定能跟大家同樣堅持
鍛鍊。微明先生根本不相信他，把桌子上一疊銀洋一推
說：「這裡學拳，一個月拾塊大洋，一年要一百二十元，

這筆數字不算小，你交了學費，學了幾天就不學了，豈不是白白浪費嗎？」

那人見微明先生堅決不肯收他，只得悻悻而回，可是，過了一晚，那輛金碧輝煌的人力車又叮叮噹噹地來到了拳社門口，車一停下，那人的跟班從車肚子裡取出一包東西，重甸甸地放在桌上，又去後面一輛車上取來一包，拆開來原來都是銀元。也指著桌上拾元一疊共三十六疊，合三百陸拾元大洋對微明先生說：「老師昨天不信任我，致柔拳社三年畢業，我現在把三年的學費都交齊了。我是做錢莊生意的，最會計算利息，我現在也不管利息了，你看我有決心嗎？」經過他再三的請求，幾個社員也代為懇請，微明先生最後才同意把他收下了。

此人名叫陸書臣，以後他果然說到做到，長年來拳社堅持鍛鍊，他的拳藝雖然不算精深，但他達到了祛病延年的目的，他過世那年已經是近百高齡了。

把太極拳作為祛病延年的健身活動來練習，有陸書臣這樣一點「拳不離手」，長年堅持不懈的精神就難能可貴了。但如果要真正學到太極拳的精髓，那是還需要更刻苦的訓練的。

微明先生一貫鼓動他的學生勤學苦練，要求極嚴。俗話說：「功夫不負苦心人」，凡是能夠刻苦鍛鍊的學生，以後也都獲得了較高的成就。先生曾經應鄒魯之聘到廣州中山大學授拳。後因上海拳社事務繁忙，他推薦了楊澄甫先生去廣州代替教職，自己脫身回滬。當時有一位名叫梁勁予的廣東學生，決心棄學隨先生來滬學拳，他刻苦鍛鍊，進步很快。

有一次，他和一位師兄「推手」，師兄用猛勁發梁，梁即退化其勁。師兄一時收斂不住，重重地跌了一跤。當時，致柔拳社有個不成文的規矩，兩人推手時，師弟背對著牆，師兄發勁等於給師弟練排打，而師弟不準發放師兄。事後，這個跌跤的師兄便向老師訴說梁勁予的不是。微明先生回答說：「練功確實是梁勁予肯刻苦。」這位梁勁予以後到香港掛牌教授楊式太極拳，譽滿東南亞。現在美國定居，並開館教楊式太極拳。那位師兄以後另找師父學藝，努力鑽研也成了太極名家。實際上也是和微明先生對他的激勵分不開的。

以上兩個故事，講的是堅持鍛鍊的正面例子。下面，我再講一個反面的例子：我在前文中提到過葉大密先生。他功夫很深，解放後，還在黃浦區推拿門診醫院當醫生，利用他的太極功夫治病，導引氣血，療效很好，受到廣大病人的歡迎和信任。後來，他收了四個徒弟，傳授導引推拿技術。可惜的是，那四個青年人都不肯下苦功夫練功，身手無內功，治病不管用。葉先生逝世後，他那一套醫療技術就因此失傳了。

堅持「拳不離手」，並不是只要單純地動手動腳。鍛鍊要持之以恆，同時又要用心揣摩。除了動手動腳，還必須動腦，必須強調一個「悟」字。王宗岳的《太極拳論》說：「每見數年純功，不能運化者，率皆為人制，雙重之病未悟耳」（按「雙重」即在推手時用力頂抗，不懂走化）。所以應該「默識揣摩」，「漸至從心所欲」。

有的人練拳年數不少，但不求精益求精。自以為功夫已經到家了，不肯「默識揣摩」，結果當然只能學到點花

架子。有這樣一個故事：某甲習拳多年，又是一位著名武術家的門徒，喜歡在公園裡和人推手較量，而且經常獲勝，他也沾沾自喜。另一位拳家某乙，陪甲推手二十年，從未贏過。其實這位某乙是「唯與人不爭耳」的哲學的信徒，每每故意讓他。以後，兩人多年不見，又久別重逢，某甲邀某乙推手，某乙於無意之中失言道：「怎麼老兄這些年仍舊沒有進步！」某甲一聽大為驚訝，反問：「何以見得？」某乙說：「你這樣推法，我只要使用『擠』的招式就能把你發出去。」甲不信。兩人便找了一處僻靜的地方去比試，結果，某甲果然次次都被推向竹籬上。某甲迷惑不解，連連自言自言：「這是甚麼道理？！」甲和乙推手贏了二十餘年也不知道是怎麼贏的。最後輸了也不明白是怎麼輸的。由此可見，他打拳不動腦筋，從來不在「默識揣摩」上用功夫。

　　我們今天學太極拳，當然不是為了和人比試高下。問題是要提高練拳的質量，以便提高保健養生的功效。我講這個故事的目的，是要說明，要學好拳，一定要多動腦筋，多一點「默識揣摩」的悟性。

　　由楊澄甫先生口授，微明先生整理的《太極拳十要》是對前人經驗的完整、全面的總結，歷來為拳家所重視。所謂「十要」，就是學太極拳的十條要領和規範。每一個學太極拳的人都必須深刻領會，反覆對照。但是由於理解不同，在實際上也常各行其是。我現在根據平時練拳時看到的一些問題，說一說自己的理解。

　　關於「虛靈頂勁」

　　「頂勁者，頭容正直，神貫於頂也」。「不可用力，

用力則項強」。我有一次在外地看到一位拳友練拳時頭上頂著一塊鐵板。我問他爲什麼，他說這是練「虛靈頂勁」。他那種嚴格鍛鍊的精神非常令人欽佩，但頭上頂著一塊鐵板和一碗水，頭容雖然正直了，頭頸骨卻非要用力不可了，這恰恰是犯了「用力則項強」之忌。

事實上，打整套拳路的過程中，要始終保持鐵板的平衡也是不可能的。如單鞭下勢大意是用頭或肩靠人，海底針、栽捶等目光雖前視但頭應稍斜。「虛靈頂勁」的目的是爲了把精神提起來。大家不妨留心觀察松柏的嫩芽，它們挺拔而不僵直，鬱鬱葱葱，生氣勃勃，那姿態就是「虛靈頂勁」最好的模式。

關於「含胸拔背」「氣沉丹田」

關於「含胸拔背」這四個字，歷來的太極拳家都非常重視。有人專門就這四個字寫過文章，有人爲了練「含胸拔背」甚至把背也練駝了。這不是有點過分了嗎？爲什麼要「含胸拔背」？《十要》其目的是使「氣沉丹田」，即有利氣血暢通，有利於發勁。所謂「能拔背則能力由脊發，所向無敵也」。

對這一要領，微明先生曾經特別關照過我：「含胸拔背」這一提法，其實應改爲「舒胸順背」的。但書已經出版，事後發現原來的提法引起了誤解，產生了一些副作用，要想修改已經來不及了。

微明先生指出，他當時使用「含胸」兩字，主要是與練外家拳的「挺胸」相對而言的。意即不要使用練外家拳的方法練內家拳。如果「含胸」過了頭，成爲「縮胸」，仍舊會造成血脈不和，氣滯於背，甚至會損害人的體形。

所以「舒胸順背」的提法比較準確。

　　與「舒胸順背」緊密相關的是「氣沉丹田」，即呼吸的方法。放鬆自然地練，就能氣沉丹田，從順呼吸到逆呼吸也應聽其自然，不能勉強追求。發勁時自然逆呼吸，就能身穩勁整。身體虛弱或初練者，一個架式可以呼吸幾次，日久呼吸就能深長，身體也日漸強健。還有一句「舌舔上腭」，這當然是對的。但實際上，當你虛靈頂勁，嘴唇輕閉，在不知不覺中，舌尖必然微微上翹，這就很自然的是「舌舔上腭」了。如果你知道自己捲起舌尖，頂住上腭，那麼就已經做得太過頭了。

　　關於「上下相隨」

　　所謂「上下相隨」，無非是「一動無有不動，一靜無有不靜」的意思。不能機械地從字面上理解為每一個動作都是由上而下的。《十要》說：「其根在腳，發於腿、主宰於腰、形於手指。由腳而腿而腰，總須完整一氣也。」這不是由下而上了嗎？太極拳起式的動作順序是：手動、臂動、肩動、腰動、腿動、腳動，這不是由上而下嗎？如「抱虎歸山」，則又是先沉腰，腰動再帶動手足，這又是由中而上、由中而下了。再者，從人的四肢來講，手臂也有上中下，手指也有上中下，指頂也有上中下，……或者說是前、中、後。

　　所謂「上下相隨」，也包含每一局部肢體「一動無有不動」的意思。這些細緻微妙的動作，只有靠我們在日常鍛鍊時用心體會，才能慢慢掌握。舉一個例子：做摟膝拗步時的腳踵，先是足跟著地，接著是腳外側、腳前掌和腳趾著力；接著又是腳裡側著力。實際上使足陽明，足太

陰，足太陽，足少陰，足少陽，足厥陰六個穴位都得到按摩，從而達到健身的目的。

《十要》中講「上下相隨」時還提到「眼神亦隨之」的問題。有的人打拳，比如做「雲手」時，眼神始終盯住自己的手掌，可能也是以這句話為根據的。其實，太極拳既是武術，與人交手時眼睛當然要盯住交手的對象，盯著自己的手掌看是毫無意義的。從前楊澄甫先生與人「交手」，言明不管對方怎樣進攻，他只用「雲手」這一招來對付。他在「雲手」時是決不會盯住自己手掌看的。又如，「單鞭」為什麼先要看後側呢？也是因為有人來進攻了。所以作為運用眼神的規律，「眼神隨之」這句話應該改為「眼神領先」為好。

當然為了某種特殊的治療目的，例如神經衰弱患者，經常心神不定，練拳時候需要以眼視手，有助於鎮靜神經，那就又當別論了。

關於「內外相合」

太極拳特別講究人的精神因素與生理因素的相互作用。「手足開，心意亦與之俱開；所謂合，不但手足合，心意亦與之俱合」。有人把這句話解釋為每一次呼吸為一開一合。也有人認為「內練一口氣，外練筋骨皮」。我覺得這些理解太呆板了點，做起來也很困難。

微明先生曾經向我指出：練拳時要注意精神、身體的內外結合，實際上是練身與養性相結合，待人謙虛，心境寬暢，講究起居衛生，要站得正，坐得正，也就是「中正安舒」了。打拳要求全身放鬆，精神上當然也要放鬆，他自己正是這樣身體力行的。

關於「動中求靜」

「太極拳以靜禦動，雖動猶靜」。故練架子愈慢愈好。一般練拳的人對此往往重視不夠。太極拳的保健治病功效是大家公認的。但是，爲什麼有的人練了一個時期的拳，病情迅速好轉，而有的人卻收效不夠明顯呢？其中一個重要原因，恐怕是和打拳時的心境大有關係的。

過去和微明先生在一起敎拳的陳志進先生在《太極拳之品格功用》一文中說：「蓋練拳之時，全身鬆開，順乎自然，渾圓流利，氣沉丹田，心中空空洞洞，思慮全無，如莊周之夢蝶，人蝶不分，練完之後，自己曾練與否，亦不之知。練太極拳到此境界，有何病不可去！」（見陳微明著《太極劍》一書附錄）這一番話極有見地。

我有一位拳友老邵，先前連走一層樓梯都感到力不從心，寧願守候房中，不願出門一步。他患的是嚴重的肺功能萎縮症，手臂上還長了一個腫塊，身體虛弱致使情緒消沉，醫生要給他化驗他拒絕了；要給他吃藥治療也拒絕了。後來在家屬親友的勸導之下，開始向我學太極拳。他抱著「死馬當作活馬醫」的想法，從站太極預備式開始，也到公園裡練拳，學了一陣以後，病情漸漸好轉，心情也變得開朗了，打拳的興趣也越來越濃，我讓他一人獨自鍛鍊，原來是怕他跟別人同練體力跟不上，但後來發現，他獨自鍛鍊時容易做到安靜舒泰。他打一套拳約需一小時，速度緩慢自如，打得渾圓流利，雖動猶靜，所以效果顯著，身體很快恢復健康，腫塊也在不知不覺中消失了。

最後，我想再引用一段微明先生在授課時說過的話作爲本文的結束。

　　前面說過，微明先生是喜歡《老子》的，這是因為《老子》包含著許多樸素的辯證法思想，用辯證觀點最能夠解釋太極拳的原理，如陰陽即虛實，動靜、剛柔、進退、內外、上下、屈伸、開合、攻守等等，無一不是矛盾的對立統一。微明先生講到「天下莫柔弱於水、而攻堅強者，莫之能勝，以其無以易之」。他接著就發出了一通議論。大意是這樣的：「可以找酈道元著的《水經註》來看看，這本書是講治水的。裡面對水勢的描述十分精彩。聯繫太極拳想一想，一定會得益匪淺。水能靜如鏡面，或緩緩流淌，逢高則澎湃，遇低則潛入，逢阻則繞，遇高灘陡坡，也能變成急流瀑布，逢到溶岩，又能細細滲透流成陰河。水有三態：水、氣、冰，水和氣是極柔軟的，變成冰時又是極堅剛的。澆花用的水壺噴出的水形成細絲，高壓水槍噴出來的水卻威力無比。

　　練習太極拳時，動作要盡可能地緩些、慢些、鬆些、柔些、圓些，綿綿不斷，心靜如止水，像在空氣中游泳，要有天塌下來無懼色，山崩面前不慌張的氣度，斂氣定神，純任自然。只有這樣，才能練得體內氣血順達，動作靈活。發勁如巨浪翻滾，洪水奔騰，和人交手時能夠迂迴曲折，隨機應變，避實就虛，無孔不入，無縫不鑽，逐步達到先化後擊，即化即擊，不化而擊的境界。」

　　雖然講水較多，但五行中金木水火土都能變化，都可作比喻，見仁見智，各自運用得當就可以了。

大展出版社有限公司
品冠文化出版社

圖書目錄

地址：台北市北投區(石牌)　　電話：(02) 28236031
　　　致遠一路二段 12 巷 1 號　　　　　28236033
郵撥：01669551＜大展＞　　　　　　　28233123
　　　19346241＜品冠＞　　　傳真：(02) 28272069

・熱 門 新 知・品冠編號 67

1. 圖解基因與 DNA	（精）	中原英臣主編	230 元
2. 圖解人體的神奇	（精）	米山公啟主編	230 元
3. 圖解腦與心的構造	（精）	永田和哉主編	230 元
4. 圖解科學的神奇	（精）	鳥海光弘主編	230 元
5. 圖解數學的神奇	（精）	柳 谷 晃著	250 元
6. 圖解基因操作	（精）	海老原充主編	230 元
7. 圖解後基因組	（精）	才園哲人著	230 元
8. 圖解再生醫療的構造與未來		才園哲人著	230 元
9. 圖解保護身體的免疫構造		才園哲人著	230 元
10. 90 分鐘了解尖端技術的結構		志村幸雄著	280 元

・名 人 選 輯・品冠編號 671

1. 佛洛伊德	傅陽主編	200 元
2. 莎士比亞	傅陽主編	200 元
3. 蘇格拉底	傅陽主編	200 元
4. 盧梭	傅陽主編	200 元

・圍 棋 輕 鬆 學・品冠編號 68

1. 圍棋六日通	李曉佳編著	160 元
2. 布局的對策	吳玉林等編著	250 元
3. 定石的運用	吳玉林等編著	280 元
4. 死活的要點	吳玉林等編著	250 元

・象 棋 輕 鬆 學・品冠編號 69

1. 象棋開局精要	方長勤審校	280 元
2. 象棋中局薈萃	言穆江著	280 元

・生 活 廣 場・品冠編號 61

1. 366 天誕生星	李芳黛譯	280 元

・女醫師系列・品冠編號62

・傳統民俗療法・品冠編號63

14. 神奇新穴療法 　　　　　　　吳德華編著　200元
15. 神奇小針刀療法 　　　　　　韋丹主編　200元

・常見病藥膳調養叢書・品冠編號 631

1. 脂肪肝四季飲食 　　　　　　蕭守貴著　200元
2. 高血壓四季飲食 　　　　　　秦玖剛著　200元
3. 慢性腎炎四季飲食 　　　　　魏從強著　200元
4. 高脂血症四季飲食 　　　　　薛輝著　200元
5. 慢性胃炎四季飲食 　　　　　馬秉祥著　200元
6. 糖尿病四季飲食 　　　　　　王耀獻著　200元
7. 癌症四季飲食 　　　　　　　李忠著　200元
8. 痛風四季飲食 　　　　　　　魯焰主編　200元
9. 肝炎四季飲食 　　　　　　　王虹等著　200元
10. 肥胖症四季飲食 　　　　　　李偉等著　200元
11. 膽囊炎、膽石症四季飲食 　　謝春娥著　200元

・彩色圖解保健・品冠編號 64

1. 瘦身 　　　　　　　　　　　主婦之友社　300元
2. 腰痛 　　　　　　　　　　　主婦之友社　300元
3. 肩膀痠痛 　　　　　　　　　主婦之友社　300元
4. 腰、膝、腳的疼痛 　　　　　主婦之友社　300元
5. 壓力、精神疲勞 　　　　　　主婦之友社　300元
6. 眼睛疲勞、視力減退 　　　　主婦之友社　300元

・休閒保健叢書・品冠編號 641

1. 瘦身保健按摩術 　　　　　　聞慶漢主編　200元
2. 顏面美容保健按摩術 　　　　聞慶漢主編　200元
3. 足部保健按摩術 　　　　　　聞慶漢主編　200元
4. 養生保健按摩術 　　　　　　聞慶漢主編　280元

・心 想 事 成・品冠編號 65

1. 魔法愛情點心 　　　　　　　結城莫拉著　120元
2. 可愛手工飾品 　　　　　　　結城莫拉著　120元
3. 可愛打扮 & 髮型 　　　　　結城莫拉著　120元
4. 撲克牌算命 　　　　　　　　結城莫拉著　120元

・少 年 偵 探・品冠編號 66

1. 怪盜二十面相 　　（精）江戶川亂步著　特價 189元
2. 少年偵探團 　　　（精）江戶川亂步著　特價 189元

3. 妖怪博士	（精）	江戶川亂步著	特價 189 元
4. 大金塊	（精）	江戶川亂步著	特價 230 元
5. 青銅魔人	（精）	江戶川亂步著	特價 230 元
6. 地底魔術王	（精）	江戶川亂步著	特價 230 元
7. 透明怪人	（精）	江戶川亂步著	特價 230 元
8. 怪人四十面相	（精）	江戶川亂步著	特價 230 元
9. 宇宙怪人	（精）	江戶川亂步著	特價 230 元
10. 恐怖的鐵塔王國	（精）	江戶川亂步著	特價 230 元
11. 灰色巨人	（精）	江戶川亂步著	特價 230 元
12. 海底魔術師	（精）	江戶川亂步著	特價 230 元
13. 黃金豹	（精）	江戶川亂步著	特價 230 元
14. 魔法博士	（精）	江戶川亂步著	特價 230 元
15. 馬戲怪人	（精）	江戶川亂步著	特價 230 元
16. 魔人銅鑼	（精）	江戶川亂步著	特價 230 元
17. 魔法人偶	（精）	江戶川亂步著	特價 230 元
18. 奇面城的秘密	（精）	江戶川亂步著	特價 230 元
19. 夜光人	（精）	江戶川亂步著	特價 230 元
20. 塔上的魔術師	（精）	江戶川亂步著	特價 230 元
21. 鐵人Ｑ	（精）	江戶川亂步著	特價 230 元
22. 假面恐怖王	（精）	江戶川亂步著	特價 230 元
23. 電人Ｍ	（精）	江戶川亂步著	特價 230 元
24. 二十面相的詛咒	（精）	江戶川亂步著	特價 230 元
25. 飛天二十面相	（精）	江戶川亂步著	特價 230 元
26. 黃金怪獸	（精）	江戶川亂步著	特價 230 元

・武 術 特 輯・大展編號 10

1. 陳式太極拳入門	馮志強編著	180 元
2. 武式太極拳	郝少如編著	200 元
3. 中國跆拳道實戰 100 例	岳維傳著	220 元
4. 教門長拳	蕭京凌編著	150 元
5. 跆拳道	蕭京凌編譯	180 元
6. 正傳合氣道	程曉鈴譯	200 元
7. 實用雙節棍	吳志勇編著	200 元
8. 格鬥空手道	鄭旭旭編著	200 元
9. 實用跆拳道	陳國榮編著	200 元
10. 武術初學指南	李文英、解守德編著	250 元
11. 泰國拳	陳國榮著	180 元
12. 中國式摔跤	黃 斌編著	180 元
13. 太極劍入門	李德印編著	180 元
14. 太極拳運動	運動司編	250 元
15. 太極拳譜	清・王宗岳等著	280 元
16. 散手初學	冷 峰編著	200 元
17. 南拳	朱瑞琪編著	180 元

5

・彩色圖解太極武術・ 大展編號 102

14. 精簡陳式太極拳 8 式、16 式　　　　黃康輝編著　220 元
15. 精簡吳式太極拳 <36 式拳架・推手>　柳恩久主編　220 元
16. 夕陽美功夫扇　　　　　　　　　　　李德印著　220 元
17. 綜合 48 式太極拳＋VCD　　　　　　竺玉明編著　350 元
18. 32 式太極拳（四段）　　　　　　　宗維潔演示　220 元
19. 楊氏 37 式太極拳＋VCD　　　　　　趙幼斌著　350 元
20. 楊氏 51 式太極劍＋VCD　　　　　　趙幼斌著　350 元

・國際武術競賽套路・大展編號 103

1. 長拳　　　　　　　　　　　　　　　李巧玲執筆　220 元
2. 劍術　　　　　　　　　　　　　　　程慧琨執筆　220 元
3. 刀術　　　　　　　　　　　　　　　劉同為執筆　220 元
4. 槍術　　　　　　　　　　　　　　　張躍寧執筆　220 元
5. 棍術　　　　　　　　　　　　　　　殷玉柱執筆　220 元

・簡化太極拳・大展編號 104

1. 陳式太極拳十三式　　　　　　　　　陳正雷編著　200 元
2. 楊式太極拳十三式　　　　　　　　　楊振鐸編著　200 元
3. 吳式太極拳十三式　　　　　　　　　李秉慈編著　200 元
4. 武式太極拳十三式　　　　　　　　　喬松茂編著　200 元
5. 孫式太極拳十三式　　　　　　　　　孫劍雲編著　200 元
6. 趙堡太極拳十三式　　　　　　　　　王海洲編著　200 元

・導引養生功・大展編號 105

1. 疏筋壯骨功＋VCD　　　　　　　　　張廣德著　350 元
2. 導引保建功＋VCD　　　　　　　　　張廣德著　350 元
3. 頤身九段錦＋VCD　　　　　　　　　張廣德著　350 元
4. 九九還童功＋VCD　　　　　　　　　張廣德著　350 元
5. 舒心平血功＋VCD　　　　　　　　　張廣德著　350 元
6. 益氣養肺功＋VCD　　　　　　　　　張廣德著　350 元
7. 養生太極扇＋VCD　　　　　　　　　張廣德著　350 元
8. 養生太極棒＋VCD　　　　　　　　　張廣德著　350 元
9. 導引養生形體詩韻＋VCD　　　　　　張廣德著　350 元
10. 四十九式經絡動功＋VCD　　　　　　張廣德著　350 元

・中國當代太極拳名家名著・大展編號 106

1. 李德印太極拳規範教程　　　　　　　李德印著　550 元
2. 王培生吳式太極拳詮真　　　　　　　王培生著　500 元
3. 喬松茂武式太極拳詮真　　　　　　　喬松茂著　450 元
4. 孫劍雲孫式太極拳詮真　　　　　　　孫劍雲著　350 元

5.	實用擒拿法	韓建中著	220 元
6.	擒拿反擒拿 88 法	韓建中著	250 元
7.	武當秘門技擊術入門篇	高翔著	250 元
8.	武當秘門技擊術絕技篇	高翔著	250 元
9.	太極拳實用技擊法	武世俊著	220 元
10.	奪凶器基本技法	韓建中著	220 元
11.	峨眉拳實用技擊法	吳信良著	300 元
12.	武當拳法實用制敵術	賀春林主編	300 元
13.	詠春拳速成搏擊術訓練	魏峰編著	280 元
14.	詠春拳高級格鬥訓練	魏峰編著	280 元
15.	心意六合拳發力與技擊	王安寶編著	220 元

・中國武術規定套路・ 大展編號 113

1.	螳螂拳	中國武術系列	300 元
2.	劈掛拳	規定套路編寫組	300 元
3.	八極拳	國家體育總局	250 元
4.	木蘭拳	國家體育總局	230 元

・中華傳統武術・ 大展編號 114

1.	中華古今兵械圖考	裴錫榮主編	280 元
2.	武當劍	陳湘陵編著	200 元
3.	梁派八卦掌（老八掌）	李子鳴遺著	220 元
4.	少林 72 藝與武當 36 功	裴錫榮主編	230 元
5.	三十六把擒拿	佐藤金兵衛主編	200 元
6.	武當太極拳與盤手 20 法	裴錫榮主編	220 元
7.	錦八手拳學	楊永著	280 元
8.	自然門功夫精義	陳懷信編著	500 元
9.	八極拳珍傳	王世泉著	330 元
10.	通臂二十四勢	郭瑞祥主編	280 元
11.	六路真跡武當劍藝	王恩盛著	230 元

・少 林 功 夫・ 大展編號 115

1.	少林打擂秘訣	德虔、素法編著	300 元
2.	少林三大名拳 炮拳、大洪拳、六合拳	門惠豐等著	200 元
3.	少林三絕 氣功、點穴、擒拿	德虔編著	300 元
4.	少林怪兵器秘傳	素法等著	250 元
5.	少林護身暗器秘傳	素法等著	220 元
6.	少林金剛硬氣功	楊維編著	250 元
7.	少林棍法大全	德虔、素法編著	250 元
8.	少林看家拳	德虔、素法編著	250 元
9.	少林正宗七十二藝	德虔、素法編著	280 元

10. 少林瘋魔棍闡宗　　　　　馬德著　250元
11. 少林正宗太祖拳法　　　　高翔著　280元
12. 少林拳技擊入門　　　　劉世君編著　220元
13. 少林十路鎮山拳　　　　吳景川主編　300元
14. 少林氣功祕集　　　　　釋德虔編著　220元
15. 少林十大武藝　　　　　吳景川主編　450元
16. 少林飛龍拳　　　　　　劉世君著　200元
17. 少林武術理論　　　　　徐勤燕等著　200元
18. 少林武術基本功　　　　徐勤燕編著　200元

·迷蹤拳系列· 大展編號 116

1. 迷蹤拳（一）+VCD　　　李玉川編著　350元
2. 迷蹤拳（二）+VCD　　　李玉川編著　350元
3. 迷蹤拳（三）　　　　　李玉川編著　250元
4. 迷蹤拳（四）+VCD　　　李玉川編著　580元
5. 迷蹤拳（五）　　　　　李玉川編著　250元
6. 迷蹤拳（六）　　　　　李玉川編著　300元
7. 迷蹤拳（七）　　　　　李玉川編著　300元
8. 迷蹤拳（八）　　　　　李玉川編著　300元

·截拳道入門· 大展編號 117

1. 截拳道手擊技法　　　　舒建臣編著　230元
2. 截拳道腳踢技法　　　　舒建臣編著　230元
3. 截拳道擒跌技法　　　　舒建臣編著　230元
4. 截拳道攻防技法　　　　舒建臣編著　230元
5. 截拳道連環技法　　　　舒建臣編著　230元
6. 截拳道功夫匯宗　　　　舒建臣編著　230元

·少林傳統功夫 漢英對照系列· 大展編號 118

1. 七星螳螂拳－白猿獻書　　耿軍著　180元
2. 七星螳螂拳－白猿孝母　　耿軍著　180元

·道 學 文 化· 大展編號 12

1. 道在養生：道教長壽術　　郝勤等著　250元
2. 龍虎丹道：道教內丹術　　郝勤著　300元
3. 天上人間：道教神仙譜系　黃德海著　250元
4. 步罡踏斗：道教祭禮儀典　張澤洪著　250元
5. 道醫窺秘：道教醫學康復術　王慶餘等著　250元
6. 勸善成仙：道教生命倫理　李剛著　250元
7. 洞天福地：道教宮觀勝境　沙銘壽著　250元

8. 青詞碧簫：道教文學藝術　　　楊光文等著　250元
9. 沈博絕麗：道教格言精粹　　　朱耕發等著　250元

·易 學 智 慧· 大展編號 122

1. 易學與管理　　　　　　　　余敦康主編　250元
2. 易學與養生　　　　　　　　劉長林等著　300元
3. 易學與美學　　　　　　　　劉綱紀等著　300元
4. 易學與科技　　　　　　　　董光壁著　280元
5. 易學與建築　　　　　　　　韓增祿著　280元
6. 易學源流　　　　　　　　　鄭萬耕著　280元
7. 易學的思維　　　　　　　　傅雲龍等著　250元
8. 周易與易圖　　　　　　　　李申著　250元
9. 中國佛教與周易　　　　　　王仲堯著　350元
10. 易學與儒學　　　　　　　　任俊華著　350元
11. 易學與道教符號揭秘　　　　詹石窗著　350元
12. 易傳通論　　　　　　　　　王博著　250元
13. 談古論今說周易　　　　　　龐鈺龍著　280元
14. 易學與史學　　　　　　　　吳懷祺著　230元
15. 易學與天文學　　　　　　　盧央著　230元
16. 易學與生態環境　　　　　　楊文衡著　230元
17. 易學與中國傳統醫學　　　　蕭漢明著　280元
18. 易學與人文　　　　　　　　羅熾等著　280元

·神 算 大 師· 大展編號 123

1. 劉伯溫神算兵法　　　　　　應涵編著　280元
2. 姜太公神算兵法　　　　　　應涵編著　280元
3. 鬼谷子神算兵法　　　　　　應涵編著　280元
4. 諸葛亮神算兵法　　　　　　應涵編著　280元

·鑑 往 知 來· 大展編號 124

1. 《三國志》給現代人的啟示　陳羲主編　220元
2. 《史記》給現代人的啟示　　陳羲主編　220元
3. 《論語》給現代人的啟示　　陳羲主編　220元
4. 《孫子》給現代人的啟示　　陳羲主編　220元
5. 《唐詩選》給現代人的啟示　陳羲主編　220元
6. 《菜根譚》給現代人的啟示　陳羲主編　220元
7. 《百戰奇略》給現代人的啟示　陳羲主編　250元

·秘傳占卜系列· 大展編號 14

1. 手相術　　　　　　　　　　淺野八郎著　180元

2. 人相術	淺野八郎著	180 元
3. 西洋占星術	淺野八郎著	180 元
4. 中國神奇占卜	淺野八郎著	150 元
5. 夢判斷	淺野八郎著	150 元
7. 法國式血型學	淺野八郎著	150 元
8. 靈感、符咒學	淺野八郎著	150 元
10. ESP 超能力占卜	淺野八郎著	150 元
11. 猶太數的秘術	淺野八郎著	150 元
13. 塔羅牌預言秘法	淺野八郎著	200 元

・趣味心理講座・大展編號 15

1. 性格測驗（1） 探索男與女	淺野八郎著	140 元
2. 性格測驗（2） 透視人心奧秘	淺野八郎著	140 元
3. 性格測驗（3） 發現陌生的自己	淺野八郎著	140 元
4. 性格測驗（4） 發現你的真面目	淺野八郎著	140 元
5. 性格測驗（5） 讓你們吃驚	淺野八郎著	140 元
6. 性格測驗（6） 洞穿心理盲點	淺野八郎著	140 元
7. 性格測驗（7） 探索對方心理	淺野八郎著	140 元
8. 性格測驗（8） 由吃認識自己	淺野八郎著	160 元
9. 性格測驗（9） 戀愛的心理	淺野八郎著	160 元
10. 性格測驗（10）由裝扮瞭解人心	淺野八郎著	160 元
11. 性格測驗（11）敲開內心玄機	淺野八郎著	140 元
12. 性格測驗（12）透視你的未來	淺野八郎著	160 元
13. 血型與你的一生	淺野八郎著	160 元
14. 趣味推理遊戲	淺野八郎著	160 元
15. 行為語言解析	淺野八郎著	160 元

・婦 幼 天 地・大展編號 16

1. 八萬人減肥成果	黃靜香譯	180 元
2. 三分鐘減肥體操	楊鴻儒譯	150 元
3. 窈窕淑女美髮秘訣	柯素娥譯	130 元
4. 使妳更迷人	成 玉譯	130 元
5. 女性的更年期	官舒妍編譯	160 元
6. 胎內育兒法	李玉瓊編譯	150 元
7. 早產兒袋鼠式護理	唐岱蘭譯	200 元
9. 初次育兒 12 個月	婦幼天地編譯組	180 元
10. 斷乳食與幼兒食	婦幼天地編譯組	180 元
11. 培養幼兒能力與性向	婦幼天地編譯組	180 元
12. 培養幼兒創造力的玩具與遊戲	婦幼天地編譯組	180 元
13. 幼兒的症狀與疾病	婦幼天地編譯組	180 元
14. 腿部苗條健美法	婦幼天地編譯組	180 元
15. 女性腰痛別忽視	婦幼天地編譯組	150 元

·青春天地· 大展編號 17

國家圖書館出版品預行編目資料

楊式太極拳架詳解／林炳堯編著
－初版－臺北市，大展，1999 [民 88]
258 面；21 公分－（武術特輯；25）
ISBN 978-957-557-922-7（平裝）

1. 太極拳
528.972   88005077

行政院新聞局局版臺陸字第 100955 號核准
北京人民體育出版社授權中文繁體字版

楊式太極拳架詳解

ISBN-13：978-957-557-922-7
ISBN-10：957-557-922-4

編 著 者／林　炳　堯
發 行 人／蔡　森　明
出 版 者／大展出版社有限公司
社　　　址／台北市北投區（石牌）致遠一路 2 段 12 巷 1 號
電　　　話／(02) 28236031・28236033・28233123
傳　　　真／(02) 28272069
郵政劃撥／01669551
網　　　址／www.dah-jaan.com.tw
E-mail／service@dah-jaan.com.tw
登 記 證／局版臺業字第 2171 號
承 印 者／國順文具印刷行
裝　　　訂／建鑫印刷裝訂有限公司
排 版 者／千兵企業有限公司
初版 1 刷／1999 年（民 88 年）　6 月
初版 2 刷／2002 年（民 91 年）　7 月
初版 3 刷／2005 年（民 94 年）12 月　　　　　　定價／280 元

大展好書　好書大展
品嘗好書　冠群可期